Azouz Begag

TRANCHES DE VIE

Textes choisis et annotés
par
Helmut P. Hagge
et
Régis Titeca

Ernst Klett Verlag
Stuttgart Düsseldorf Leipzig

Azouz Begag
Tranches de vie

Herausgegeben von
Helmut P. Hagge, Hamburg,
und Régis Titeca, Stuttgart

Mit Ausnahme des Interviews auf S. 52 - 55 stammen alle Texte dieser Sammlung aus Begags autobiographischen Romanen *Le gone du Chaâba* und *Béni ou le Paradis privé* sowie aus dem Sachbuch *Ecarts d'identité* (Letzteres wurde zusammen mit Abdellatif Chaouite geschrieben). Die drei Bücher sind bei Le Seuil in der Reihe *Point Virgule* erschienen.

Zur vorliegenden Textsammlung gibt es eine von Azouz Begag besprochene CD (Klett-Nr. 591592 - siehe Kopfhörersymbole ⌒ im Inhaltsverzeichnis) sowie ein *Dossier pédagogique* mit Kopiervorlagen (Klettbuch 591591).

Gedruckt auf Recyclingpapier,
hergestellt aus 100 % Altpapier.

1. Auflage   A 1 4 3 2 | 2001 2000 99

Alle Drucke dieser Auflage können im Unterricht nebeneinander benutzt werden, sie sind untereinander unverändert. Die letzte Zahl bezeichnet das Jahr dieses Druckes.
© für die Originalwerke: Le Seuil, Paris 1986/1989/1990
© für diese Ausgabe: Ernst Klett Verlag GmbH, Stuttgart 1998
Alle Rechte vorbehalten
Internetadresse: http://www.klett.de

Umschlaggestaltung: Régis Titeca, Stuttgart
Umschlagfoto: Gamma / Studio X, Vanves
Foto S. 4: Gilles Floret, Stuttgart
Druck: Wilhelm Röck, Weinsberg
Printed in Germany
ISBN 3-12-591590-2

Table des matières

En guise d'introduction - un petit abécédaire   5

Nous, les Arabes, on a rien à dire. 🎧   7

Le Chaâba 🎧   8

L'bomba   10

Il était une fois ...   13

T'es pas comme nous ! 🎧   16

La petite différence   22

La honte 🎧   26

Et la morale, alors ? 🎧   29

Félicitations quand même ! 🎧   32

La marque du nom 🎧   34

Délit de faciès (1)   36

Délit de faciès (2) 🎧   37

Délit de faciès (3) 🎧   41

Le regard de l'autre   45

Retourner au bled ? Merci bien ! 🎧   46

Vous avez dit « intégration »?   50

Créer une nouvelle culture   52

Bibliographie sélective   56

« L'intégration,
c'est d'abord une affaire individuelle.
Et cette intégration passe par l'école.
L'école permet de sortir de soi-même,
c'est-à-dire de se positionner
en tant qu'individu dans un environnement
et de se voir de l'extérieur, de s'évaluer, de se juger.
C'est la plus grande richesse dont peut disposer un individu. »

(Azouz Begag)

En guise d'introduction – un petit abécédaire

A comme *Azouz*. Comme *arabe*, aussi, mot qui désigne à la fois ses origines et sa culture – en partage avec une autre, plus française, celle-là.

B comme *Begag*. Et comme *beur*, nom qu'on donne souvent aux jeunes nés en France de parents maghrébins.

C comme le *Chaâba*, nom du bidonville où Azouz Begag a passé une bonne partie de sa jeunesse (voir les textes des pages 8 à 12).

D comme *défavorisés*, ceux qui, parce qu'ils sont partis du mauvais pied, doivent faire plus d'efforts que d'autres pour arriver au même résultat. Les immigrés, par exemple.

E comme *école* : la clé de l'intégration pour les enfants d'immigrés (voir les textes des pages 7 à 8, 16 à 21 et 29 à 33).

F comme *France*, nom du pays qu'Azouz Begag considère comme le sien, mais aussi comme *faciès*, c'est-à-dire le visage que chaque jeune d'origine étrangère porte toujours avec lui – ce qui lui vaut quelquefois quelques problèmes (voir les textes des pages 36 à 45).

G comme *gone*, qui veut dire « garçon » dans la langue familière de Lyon ; le gone du Chaâba, c'est le jeune Azouz, qui raconte sa vie dans le roman du même nom.

H comme *humour*, qui est presque toujours présent dans les romans de Begag, mais aussi comme *honte*, celle que peut ressentir, par exemple, un jeune beur cherchant à cacher ses origines (voir le texte des pages 26 à 29).

I comme *immigration*. Et comme *intégration*, qui constitue le point d'arrivée de cette immigration, quoi qu'en pensent certains (voir R).

J comme *justice*. Voir liberté, égalité, morale …

K comme *Kabylie*, la région d'origine du père de l'auteur et de nombreux travailleurs algériens venus s'installer en France après la Seconde Guerre mondiale (voir le texte des pages 13 à 15).

L comme *Liberté, Égalité, Fraternité*. La devise n'a cependant pas l'air d'être valable pour tout le monde, surtout quand on est trop brun de peau (voir les textes des pages 37 à 44).

M comme *morale* : Elle entre quelquefois en conflit avec le devoir de solidarité, et cela pose quelques problèmes au jeune Azouz (voir les textes des pages 16 à 21 et 29 à 32).

N comme le *nom*, qui, lorsqu'il est un peu trop « exotique », n'est pas plus facile à effacer que le faciès (voir le texte des pages 34 à 35).

O comme *officiel*. Officiellement, la plupart des enfants nés en France de parents immigrés sont Français. Malheureusement pour eux, ça ne se voit pas toujours (voir F).

P comme *préférence nationale*, le leitmotiv du populiste : le travail, les aides financières, les logements aux Français d'abord ! Le populiste ne sachant pas que la plupart des enfants d'immigrés sont Français, il faut le lui dire et le lui répéter.

Q comme *quéquette*, une « petite différence » qui n'est pas sans importance (voir les textes des pages 22 à 25 et 49).

R comme *racisme*. Le racisme, c'est les autres : « Moi, je ne suis pas raciste, mais… ». Beaucoup de mauvaises raisons servent à expliquer pourquoi on n'aime pas les étrangers. Attitude à la fois tragique et stupide. Il est difficile d'en rire (voir H).

S comme *seconde génération*, expression utilisée pour désigner l'ensemble des enfants d'immigrés (voir B).

T comme *tête de Turc*, ce que le jeune d'origine maghrébine représente pour le militant d'extrême-droite, et vice-versa.

U comme *université*, où Azouz Begag travaille, entre deux romans. Il y est chargé de recherche au laboratoire d'économie des transports de l'université de Lyon II et s'occupe plus particulièrement des quartiers défavorisés (voir D).

V comme *Villeurbanne*, près de Lyon, la ville où l'auteur a passé son enfance.

W comme le *whisky* que l'auteur a déjà bu, rarement et en petites quantités (bien entendu !) mais suffisamment pour prouver, si besoin est, qu'il ne fait pas partie des musulmans intégristes.

X comme *xénophobie* : voir R comme racisme.

Y comme les *yaka*, qui sont de fausses solutions aux vrais problèmes : *y'a qu'à* mettre les étrangers dehors pour résoudre le problème du chômage, par exemple. Il faut lutter contre les yaka, partout et toujours.

Z comme *Zohra*, la sœur du narrateur, ou *Zidouma*, la matrone du texte de la page 10, dont les prénoms commencent heureusement par un Z … ce qui permet de compléter cet abécédaire.

Nous, les Arabes, on a rien à dire. 🎧

En rang par deux, nous pénétrons dans la salle de cours. Le maître s'installe à son bureau.
– Ce matin, leçon de morale, annonce-t-il après avoir fait l'appel et trébuché sur tous les noms arabes.

Il se met à parler de morale comme tous les matins depuis que je fréquente la grande école. Et, comme tous les matins, je rougis à l'écoute de ses propos. Entre ce qu'il raconte et ce que je fais dans la rue, il peut couler un oued tout entier !

Je suis indigne de la bonne morale.

Une discussion s'engage entre les élèves français et le maître. Ils lèvent tous le doigt pour prendre la parole, pour raconter leur expérience, pour montrer leur concordance morale avec la leçon d'aujourd'hui.

Nous, les Arabes de la classe, on a rien à dire.

Les yeux, les oreilles grand ouverts, j'écoute le débat.

Je sais bien que j'habite dans un bidonville de baraques en planches et en tôles ondulées, et que ce sont les pauvres qui vivent de cette manière. Je suis allé plusieurs fois chez Alain, dont les parents habitent au milieu de l'avenue Monin, dans une maison. J'ai compris que c'était beaucoup plus beau que dans nos huttes. Et l'espace ! Sa maison à lui, elle est aussi grande que notre Chaâba tout entier. Il a une chambre pour lui tout seul, un bureau avec des livres, une armoire pour son linge. A chaque visite, mes yeux en prennent plein leur pupille.

Moi, j'ai honte de lui dire où j'habite. C'est pour ça qu'Alain n'est jamais venu au Chaâba. [...]

En classe, le débat s'anime. Des élèves prononcent des mots que je n'ai jamais entendus. J'ai honte. Il m'arrive souvent de parler au maître et de lui sortir des mots du Chaâba. Un jour, je lui ai même dit :
– M'sieur, j'vous jure sur la tête d'ma mère qu'c'est vrai !

Tout le monde a ri autour de moi.

---

1 **pénétrer** entrer - **le maître** l'instituteur - 4 **trébucher** stolpern - 6 **fréquenter (un lieu)** y aller souvent - **la grande école** *ici:* l'école primaire - 7 **les propos** *m* les paroles - 8 **un oued** *arabe* kleiner Fluß - 9 **indigne** unwürdig - 10 **s'engager** *ici:* commencer - 11 **un doigt** Finger - 12 **une concordance** *ici:* le fait d'être en accord avec qc - 15 **un bidonville** un quartier de *baraques* - **une baraque** primitive Hütte - 16 **la tôle ondulée** Wellblech - 20 **le Chaâba** le nom du bidonville - 21 **une armoire** Schrank - 22 **le linge** Wäsche - **en prendre plein la pupille** être très impressionné - 26 **s'animer** lebhaft werden

Je me suis rendu compte aussi qu'il y a des mots que je ne savais dire qu'en arabe : le kaissa par exemple (gant de toilette).

J'ai honte de mon ignorance. Depuis quelques mois, j'ai décidé de changer de peau. Je n'aime pas être avec les pauvres, les faibles de la classe. Je veux être dans les premières places du classement, comme les Français.

Le maître est content du débat sur la propreté qu'il a engagé ce matin. Il encourage à coups d'images et de bons points ceux qui ont bien participé.

A la fin de la matinée, au son de cloche, à demi assommé, je sors de la classe, pensif. Je veux prouver que je suis capable d'être comme eux. Mieux qu'eux. Même si j'habite au Chaâba.

(Le gone du Chaâba)

Le Chaâba 🎧

Vu du haut du remblai qui le surplombe ou bien lorsqu'on franchit la grande porte en bois de l'entrée principale, on se croirait dans une menuiserie. Des baraquements ont poussé côté jardin, en face de la maison. La grande allée centrale, à moitié cimentée, cahoteuse, sépare à présent deux gigantesques tas de tôles et de planches qui pendent et s'enfuient dans tous les sens. Au bout de l'allée, la guérite des WC semble bien isolée. La maison de béton d'origine, celle dans laquelle j'habite, ne parvient plus à émerger de cette géométrie désordonnée. Les baraquements s'agglutinent, s'agrippent les uns aux autres, tout autour d'elle. Un coup de vent brutal pourrait tout balayer d'une seule gifle. Cette masse informe s'harmonise parfaitement aux remblais qui l'encerclent. […]

2 **un gant de toilette** Waschlappen - 3 **l'ignorance** *f* le fait de ne pas savoir qc - 4 **la peau** Haut - **faible** ≠ fort - 8 **à coups de** avec (des) - **un bon point** Fleißkärtchen - 10 **une cloche** Glocke - **assommer** erschlagen - 11 **pensif, -ive** nachdenklich - **prouver** beweisen - 13 **un remblai** Erdwall - **surplomber** überragen - **franchir** passer - 15 **une menuiserie** Tischlerei - 16 **cimenté,e** zementiert - **cahoteux, -euse** holprig - **séparer** trennen - 17 **gigantesque** très grand - **un tas de** beaucoup de - **pendre** (herab)hängen - **s'enfuir** *ici:* aller - 18 **un sens** *ici:* une direction - **une guérite** Häuschen - 19 **isolé,e** séparé des autres - 20 **parvenir** arriver, réussir - **émerger** apparaître - **désordonné,e** sans ordre - 21 **s'agglutiner** eine kompakte Masse bilden - **s'agripper** sich klammern - 22 **balayer** (weg)fegen - **une gifle** Ohrfeige; *ici:* un coup - 23 **parfait,e** idéal - **encercler** former un *cercle* (Kreis) autour de qc

Au crépuscule, le Chaâba est merveilleux. Le bidonville reprend vie après une journée de travail. Tous les pères de famille sont rentrés. [...] Les hommes ont formé un petit cercle dans la cour. Ils racontent, fument, dégustent le café que les femmes ont pris soin de leur apporter dehors. Mon père semble paisible, ce soir, toujours bercé par la musique orientale qui sort du poste posé par terre, au milieu du cercle, l'antenne entièrement sortie.

Autour d'eux, les gosses s'agitent, s'affairent à leurs travaux. Un père se lève pour séparer deux diablotins qui se disputent une bouteille vide.

Je retrouve Hacène avec un groupe de filles et de garçons au milieu duquel émerge la Louise. Elle raconte des histoires. Tout le monde préfère écouter Louisa plutôt que de faire les devoirs du maître. Mon morceau de pain et deux carrés de sucre à la main, j'écoute, moi aussi, les récits extraordinaires de la Louise.

– Zohra ! Allez, appelle tes frères et venez manger, crie ma mère depuis le seuil de la porte.

Ma grande sœur s'exécute à contrecœur. Elle nous supplie de la suivre.

– Autrement, c'est moi qu'il va engueuler, le papa ! argumente-t-elle.

Moustaf la suit. Je les rejoins.

Au milieu de la cour, il ne reste plus que les chaises vides et une grande assiette dans laquelle les hommes ont déposé leurs verres de café. Ils sont rentrés dans leurs baraques, convaincus sans doute par la forte odeur de chorba qui commence à flotter dans l'atmosphère du Chaâba. [...]

La nuit est maintenant tombée. Tout devient étrangement calme au Chaâba. Le contraste avec la journée heurte les oreilles. Des lumières pâles sortent des baraquements. Les postes de radio murmurent de la musique arabe à des nostalgiques tardifs. Les hommes et les femmes retrouvent une « intimité » de quelques heures dans leur hutte.

---

1 **le crépuscule** Abenddämmerung - 4 **déguster** boire avec plaisir - **prendre soin de (faire) qc** penser à (faire) qc - 5 **paisible** tranquille (→ la paix) - **bercer** *ici:* calmer - 6 **un poste** *ici:* un appareil de radio - 8 **s'agiter** bouger beaucoup - **s'affairer** s'occuper (à faire qc) - 9 **un diablotin** un petit diable - 14 **un carré** *ici:* un morceau - 17 **le seuil** Schwelle - 18 **s'exécuter** gehorchen - **à contrecœur** wider Willen - **supplier** (an)flehen - 20 **engueuler** *pop* anschnauzen - 21 **rejoindre qn/qc** aller retrouver qn/qc - 23 **déposer** mettre - 24 **sans doute** wahrscheinlich - 25 **l'odeur** *f* Geruch - **la chorba** une soupe populaire algérienne - **flotter** *ici:* être dans l'air - 27 **étrange** bizarre - 28 **heurter** frapper; *ici:* choquer - 29 **pâle** blass - **murmurer** murmeln; *ici:* leise spielen - 30 **tardif, -ive** *ici:* qui n'est pas encore au lit (→ tard)

Sur des matelas jetés à même le sol, les enfants se serrent les uns contre les autres. Les gens dorment. Les femmes rêvent d'évasion ; les hommes, du pays. Je pense aux vacances.

(Le gone du Chaâba)

L'bomba

Zidouma fait une lessive ce matin. Elle s'est levée tôt pour occuper le seul point d'eau du bidonville : une pompe manuelle qui tire de l'eau potable du Rhône, l'bomba (la pompe). Dans le petit bassin de briques, elle tord, frotte et frappe sur le ciment de lourds draps gonflés d'eau.

Courbée à quatre-vingt-dix degrés, elle savonne avec son saboune d'Marsaille (savon de Marseille), puis actionne une fois, deux fois la pompe pour tirer l'eau. Elle frotte à nouveau, rince, tire l'eau, essore le linge de ses deux bras musclés ... Elle n'en finit pas de répéter les opérations. Le temps passe. Elle sait bien qu'au Chaâba il n'y a qu'un seul puits, mais son comportement indique une volonté précise. Elle tient à prendre son temps, beaucoup de temps. Et que quelqu'un s'aventure à lui faire la moindre remarque, il va comprendre sa douleur !

Justement, ce quelqu'un attend à quelques mètres. C'est la voisine de Zidouma qui habite dans le baraquement collé au sien. Des deux mains, elle tient un seau dans lequel s'amoncellent des draps sales, des vêtements pour enfants, des torchons ... Elle patiente, elle patiente ... Zidouma, infatigable, ne daigne même pas tourner les yeux, bien qu'elle ait senti depuis quelques minutes déjà une présence dans son dos qui marque des signes d'énervement. Elle ralentit même ses mouvements.

---

1 **un matelas** Matratze - **à même le sol** direkt auf dem Boden - 2 **l'évasion** *f* le fait de quitter un endroit - 4 **faire la lessive** laver le linge - 5 **une pompe manuel, le** → la main - 6 **potable** qu'on peut boire - **une brique** Ziegelstein - 7 **tordre** (ver)drehen, auswringen - **frotter** reiben - 8 **courbé,e** gebeugt - 9 **le savon de Marseille** Kernseife - **actionner** faire fonctionner - 10 **rincer** laver à l'eau claire - **essorer** auswringen - 12 **une opération** *ici:* une action - 13 **tenir à qc** vouloir absolument (faire) qc - 14 **s'aventurer** oser - **(le/la) moindre** geringste(r) - 15 **il va comprendre sa douleur** il va le regretter - 17 **collé,e à** *ici:* voisin de - 18 **un seau** Eimer - **s'amonceler** sich anhäufen - 19 **un torchon** Geschirrtuch - **patienter** attendre avec patience - 20 **infatigable** sans devenir fatigué - **daigner** vouloir bien - 21 **une présence** qn qui est là - 22 **l'énervement** *m* le fait de *s'énerver* (s. aufregen) - **un mouvement** Bewegung

Et la voisine patiente toujours, elle pati... non, elle ne patiente plus. Laissant tomber son seau, elle charge, tel un bouc, sur sa rivale. Le choc est terrible. Les deux femmes s'empoignent dans des cris de guerre.

Attirées par l'agitation, les autres femmes sortent des baraques. L'une d'elles, qui appartient à l'un des deux clans de la communauté, s'intercale entre les deux belligérantes pour apaiser les esprits. Soi-disant pour calmer la plus nerveuse, elle lui assène un revers de main terrible sur la joue droite. Il n'en faut pas plus à ma mère pour qu'elle se jette dans la mêlée.

Je ne tente pas de la retenir. On ne retient pas un rhinocéros en mouvement. Je finis mon breuvage à la hâte pour aller assister au pugilat. Je ne sais pourquoi, j'aime bien m'asseoir sur les marches d'escalier de la maison et jouir des scènes qui se jouent devant l'bomba et le baissaine (le bassin). C'est si étrange de voir des femmes se battre.

Clan contre clan, derrière les ténors du Chaâba, ma mère et ma tante Zidouma, les femmes s'empoisonnent la vie.

– Qu'Allah te crève les yeux ... souhaite l'une.

– J'espère que ta baraque va brûler cette nuit, chienne, et que la mort t'emporte pendant ton sommeil, rétorque l'autre.

Je ne savais pas que les femmes possédaient de telles ressources. Même ma mère ... elle n'est pas la dernière au classement. A chaque fois que la guerre éclate, elles se déchirent la peau et les binouars, elles s'arrachent les scalps, elles jettent dans la boue du jardin les draps et le linge tout juste lavés, raclent le fond de leur gorge pour sortir leur mépris le plus expressif et le plus coloré ; elles se lancent même des mauvais sorts. J'aime bien ce théâtre. Un jour même, j'ai vu Zidouma qui faisait un drôle de geste avec sa main en disant à une autre femme qui appartient au clan de ma mère :

– Tiens ! Prends-le celui-là.

---

2 **charger sur qn** attaquer qn - **tel** comme - **un bouc** Ziegenbock - 3 **s'empoigner** se battre - 5 **l'agitation** *f* Unruhe (→ s'agiter) - 7 **s'intercaler** se placer (entre) - **un,e belligérant,e** qn qui est en guerre - **apaiser** calmer (→ la paix) - **les esprits** *m* Gemüter - **soi-disant** angeblich - 8 **assener** donner (un coup) - **un revers** le dos (de la main) - 10 **la mêlée** (Hand)Gemenge - 11 **tenter** essayer - 12 **un breuvage** une boisson - **à la hâte** très vite - **assister** être présent - **un pugilat** Schlägerei - 13 **une marche** *ici:* Stufe - 14 **jouir de** profiter de - 15 **un bassin** Becken - 16 **un ténor** *ici:* un personnage important - 17 **empoisonner** *ici:* vermiesen - 18 **crever (les yeux)** ausstechen - 20 **le sommeil** Schlaf - **rétorquer** répondre - 21 **posséder** avoir - 23 **un binouar** *arabe* une robe algérienne - 24 **arracher** aus-, zerreißen - **la boue** Schlamm - 25 **tout juste** gerade - **racler** *ici:* räuspern - 26 **le mépris** ≠ le respect - **coloré,e** bunt - 27 **un mauvais sort** Fluch

Elle montrait sa main droite, dont tous les doigts étaient tendus sauf le majeur, redressé à la perpendiculaire. L'autre a injurié comme un démon avant l'hystérie totale. Elle a relevé sa robe avec sa main gauche, a légèrement incliné son corps vers l'arrière, puis, de la main
5 droite, a baissé sa culotte blanche, format géant. Son sexe à nu, entièrement recouvert par sa main, lui servait d'argument pour la bataille des nerfs. J'ai trouvé cette cérémonie étrange.

L'bomba n'est qu'un prétexte. Aucune des femmes ne travaille en réalité et, de l'aube au crépuscule et du crépuscule à l'aube, elles sont
10 scellées aux tôles ondulées et aux planches du bidonville. Pour le nettoyage de la cour, du jardin, des WC, le tour de rôle est peu respecté. Les nerfs flanchent facilement.

Après chaque altercation, les femmes espèrent pouvoir se détester jusqu'à la fin de leur vie, mais, inexorablement, la lumière du jour du
15 lendemain éteint les braises de la veille. Rien ne change par rapport à hier : les baraques sont toujours plantées à la même place, personne ne déménage. Le point d'eau est toujours unique dans l'oasis.

Au Chaâba, on ne peut pas se haïr plus de quelques heures. D'ailleurs, depuis les émeutes qui se sont déroulées devant l'bomba,
20 les femmes disposent en permanence de bidons d'eau dans leur baraque. Elles font leur lessive dans une bassine.

Le soir, quand les hommes rentrent du travail, aucun écho ne leur parvient des incidents qui se produisent pendant leur absence du Chaâba. Les femmes tiennent leur langue, car elles se disent qu'en
25 dépit des conditions de vie difficiles elles ne gagneront rien à semer la discorde entre les hommes.

(Le gone du Chaâba)

---

2 **le majeur** le doigt du milieu - **redresser** aufrichten - **perpendiculaire** rechtwinklig - **injurier** beschimpfen - 3 **un démon** un diable - 4 **incliner** pencher - 5 **géant,e** très grand - **(à) nu** nackt - 7 **une bataille** Kampf - **un nerf** [nɛr] Nerv - 8 **un prétexte** Vorwand - 9 **l'aube** f Tagesanbruch - 10 **sceller** *ici:* anbinden - **le nettoyage** Säuberung - 12 **flancher** devenir faible - 13 **une altercation** une dispute - 14 **inexorable** unerbittlich - 15 **éteindre** ≠ allumer - **les braises** f Glut - 17 **déménager** weg ziehen - **unique** seul - 18 **haïr** ≠ aimer - 19 **une émeute** Aufruhr - **se dérouler** se passer - 20 **disposer de** verfügen über - **en permanence** toujours - **un bidon** Kanister - 21 **une bassine** Schüssel, Wanne - 22 **un écho** [eko] *ici:* qc qu'on répète aux autres – 23 **parvenir à** arriver (jusqu')à - **un incident** Vorfall - **se produire** se passer - **l'absence** f ≠ la présence - 25 **en dépit de** malgré - **semer la discorde** créer des disputes

Il était une fois ...

Il était une fois l'immigration maghrébine en France.
Cette histoire commence par un départ. Mais un départ, c'est beaucoup plus qu'un simple déplacement. C'est souvent le commencement d'une nouvelle histoire. [...]
Lorsque les premiers Maghrébins ont commencé après la Seconde Guerre mondiale à émigrer ver la France, ils ne savaient pas qu'ils faisaient là un pas décisif qui allait bouleverser leur histoire et celle de leur famille.
Ils débarquaient dans les grandes villes de la métropole comme dans un port qui devait leur servir d'escale pour faire le plein avant de s'en retourner. Mais le pouvoir du temps les a surpris. Les jours d'escale sont devenus des années, le port est devenu leur domicile. C'est un mouvement presque de même nature que celui de la pomme qui tombe de son arbre : dès l'instant où elle est tombée, elle ne retournera jamais à son attache originelle. Ces « déracinés du capital » avaient la possiblité de revenir à leur terre d'origine : ils ne l'ont pas fait. [...]
Revenons sur un cas précis, celui du père de l'auteur. Cet indigène algérien, à la fin des années cinquante, décide d'aller chercher du travail en France. Il quitte son village.
Une brève rétrospective: dans l'Algérie coloniale, les indigènes ruraux étaient employés comme journaliers dans les fermes domaniales où ils logeaient avec leur famille. En échange de leur force de travail, ils ne recevaient que des biens en nature, alimentaires. En revendant une partie des volumes de blé qu'ils recevaient, les paysans pouvaient disposer d'un petit capital en argent. Dans bien des cas, cette situation pouvait paraître comme la moins mauvaise pour ces Algériens privés de leur terre. Le travail permettait au moins de ne pas mourir de faim. [...]

---

1 **l'immigration** *f* Einwanderung - 3 **un déplacement** un voyage - 6 **émigrer** aller vivre dans un pays étranger - 7 **un pas** *ici:* Schritt - **décisif, -ive** entscheidend (→ décider) - **bouleverser qc** changer totalement qc - 9 **débarquer** *ici:* arriver - **la métropole** Mutterland - 10 **une escale** un arrêt provisoire - 12 **le domicile** le lieu où on habite - 15 **une attache** Bindung - **originel,le** → l'origine - **déraciné,e** entwurzelt (→ une racine) - 18 **un indigène** Eingeborener - 21 **bref, brève** très court - **une rétrospective** un regard en arrière - 22 **rural,e** qui vit à la campagne - **un journalier** Tagelöhner - **domanial,e** *ici:* qui appartient à l'Etat - 23 **loger** habiter - 24 **des biens** *m* Güter, Mittel - **alimentaire** Nahrungs- - 25 **le volume** la quantité - **le blé** Weizen - 26 **bien de(s)** beaucoup de - 28 **privé de qc** qui ne dispose plus de qc

Dans le contexte politique, économique et social de l'Algérie coloniale, chaque paysan-journalier disposait d'un pouvoir de décision que nous appelons liberté théorique de partir, de s'exiler vers la France. Cet espace autre, imaginaire, imaginé, se présentait à certains comme un espace accessible où le travailleur recevait un salaire en échange de sa force de travail ; espace économique, espace de liberté. Ce type de représentation était d'autant plus légitime que l'économie française avait alors un très fort besoin de main-d'œuvre et exerçait un grand attrait sur les pays du Sud. [...]

Revenons à notre paysan algérien qui décide de s'exiler en France et réfléchissons un instant sur le parce que ..., le pour ... et le vers ... de son voyage qu'il va assumer. Qui est-il, ce paysan ? Un homme qui a une conscience, une histoire personnelle, et qui évolue dans un système qui le contraint dans ses actes. Il migre parce qu'il considère que sa mobilité peut améliorer sa situation et celle de sa famille. Il migre pour aller échanger sa force de travail contre un salaire. Cet homme peut assumer sa libre décision de partir parce qu'il fait un calcul et qu'il s'est donné des garanties de réussite dans son projet. [...]

Pour le paysan algérien, il s'agissait avant tout de s'assurer que sa famille restée au pays pourrait continuer de subvenir à ses besoins vitaux élémentaires. Les systèmes de solidarité et d'entraide familiales, tribales, villageoises remplissaient cette fonction ; de même que les mandats-postes envoyés tous les mois. Ils faisaient vivre, souvent, bien plus que les seuls femme et enfants du migrant. Ensuite, une autre garantie consistait à ne jamais dissocier le projet du retour de celui de départ, condition sine qua non de la migration. On partait, bien sûr, mais seulement pour mieux revenir, c'est-à-dire plus riche et plus libre. Et pour être plus riche, il fallait se tenir à une vie stricte en France ; par tous les moyens, dégager un volume suffisant d'économies pour construire les bases du retour. Le paysan définissait ses

---

4 **imaginaire, imaginer** → *l'imagination* (Phantasie) - 5 **accessible** erreichbar, zugänglich - **un salaire** Gehalt - 7 **une représentation** une façon de voir - **d'autant plus** um so mehr - 8 **la main-d'œuvre** les ouvriers - **exercer** faire, produire - 9 **un attrait** Anziehungskraft - 12 **assumer qc** accepter les risques de qc - 13 **la conscience** Gewissen - **évoluer** se transformer (sich wandeln) - 14 **migrer** changer de pays (→ un immigré) - **considérer** *ici:* penser - 15 **améliorer qc** rendre qc meilleur - 20 **subvenir à qc** für etw aufkommen - **un besoin** Bedürfnis - 21 **vital,e** nécessaire à la vie - **l'entraide** *f* le fait de s'aider les uns les autres - 22 **tribal,e** Stammes- - **remplir** *ici:* avoir - 23 **un mandat-poste** Postanweisung - 25 **consister à** bestehen in - **dissocier** séparer - 26 **sine qua non** *latin* obligatoire - 29 **dégager** *ici:* freischaufeln- **les économies** *f* → économiser

places et ses repères dans la France métropolitaine en fonction du parce que ... et du pour ... qui avaient motivé sa mobilité : pas de confort, pas de consommation superflue. [...]

A un moment donné de l'histoire de l'immigration maghrébine, alors que les travailleurs partis seuls quelques années auparavant maintenaient encore intact le projet du retour, on assiste au regroupement familial. Les premières familles partirent des villages et vinrent s'installer dans les bidonvilles de la métropole. Et d'autres suivirent, concevant à leur tour la possibilité de l'exil familial, puisque d'autres l'avaient fait avant eux. [...]

Le bidonville était la forme la plus courante de l'habitat familial immigré en métropole. Reconstitution avec les moyens du bord du village et du monde originels, ce type d'habitat allait finalement devenir un obstacle à l'autonomie de la famille, une autonomie nouvellement recherchée. Beaucoup allèrent définir une nouvelle présence et de nouveaux repères dans les HLM.

Mais très peu de familles mirent en application leur projet de retour au pays. Le regroupement familial altérait déjà sensiblement le projet de retour. Il améliorait le résultat de l'opération que le paysan avait faite avant de partir, puisque le problème de l'éloignement psychoaffectif par rapport à sa famille ne se posait plus. En France, les conditions de vie matérielle étaient meilleures, les enfants pouvaient aller à l'école, la famille était désormais réunie et une certaine stabilité s'instaurait.

L'espace était apprivoisé, les repères délimités et l'angoisse maîtrisée.
Telle est l'histoire de nos propres familles.

(Ecarts d'identité)

---

1 **un repère** Anhaltspunkt - 3 **la consommation** Konsum - **superflu,e** en trop - 6 **maintenir** garder - 9 **concevoir qc** se faire une idée de qc - 11 **courant,e** normal - 12 **la reconstitution** la nouvelle création - **avec les moyens du bord** mit allen verfügbaren Mitteln - 14 **un obstacle** Hindernis - 15 **rechercher** *ici:* désirer, vouloir - 17 **mettre qc en application** mettre qc en pratique - 18 **altérer** changer (en mal) - **sensiblement** beaucoup - 20 **l'éloignement** *m* le fait d'être loin - **psychoaffectif, -ive** gefühlsmäßig - 23 **désormais** à partir de ce moment - **réuni,e** de nouveau ensemble - **s'instaurer** s'installer - 24 **apprivoiser** *ici:* rendre familier - **délimiter** eingrenzen - **l'angoisse** *f* la peur - **maîtriser** meistern

T'es pas comme nous ! 🎧

Tout le monde est assis à présent. Le maître se lève à son bureau et prend la parole :
– Aujourd'hui, leçon de morale sur l'hygiène, dit-il.
Et pendant quelques minutes, il parla de la propreté, posa des questions du genre : Faut-il être propre ? Combien de fois faut-il se laver par jour ? Les élèves français répondirent avec zèle à toutes ces choses qu'ils connaissaient bien chez eux. Ils parlèrent de baignoire, de lavabo et même de brosse à dents et de pâte dentifrice. Au Chaâba, si l'on avait su que les règles de la propreté nécessitaient une telle minutie, on aurait beaucoup ri. Pour se laver la bouche, tous les grands de chez nous prennent un verre d'eau, gardent le liquide dans la bouche, contractent leurs mâchoires pour le faire circuler entre les dents, passent un doigt sur les incisives et recrachent enfin un grand coup pour évacuer l'eau sale. Et voilà. Pas besoin de brosse à dents ni de Colgate.
– Que faut-il pour bien se laver ? demande à nouveau le maître.
Trois élèves lèvent le doigt.
– M'sieur ! M'sieur! gazouillent-ils commes des nouveau-nés dans un nid d'oiseau.
M. Grand attend un instant que d'autres demandent la parole, puis il reformule sa question :
– Avec quoi vous lavez-vous tous les matins ?
– M'sieur ! M'sieur ! sifflent toujours les téméraires.
– Jean-Marc, fait le maître en le désignant du doigt.
Il se lève :
– Une serviette et du savon !
– C'est bien. Et quoi d'autre ?
– Du shampooing ! dit un autre.
– Oui. Quoi d'autre encore ?
Une idée jaillit dans ma tête. Instinctivement, je lève le doigt au ciel.
– Azouz ! autorise M. Grand.
– M'sieur, on a aussi besoin d'un chritte et d'une kaissa !

---

3 **la morale** *ici:* Sittenlehre - 6 **le zèle** Eifer - 7 **une baignoire** Badewanne (→ se baigner) - **un lavabo** Waschbecken (→ se laver) - 9 **nécessiter** → nécessaire - **la minutie** [-si] la précision (Genauigkeit) - 11 **un liquide** Flüssigkeit - 12 **contracter les mâchoires** die Kiefer zusammenbeißen - 13 **une incisive** Schneidezahn - 14 **évacuer** faire sortir - 17 **gazouiller** piepsen - 18 **un nid** Nest - 22 **siffler** *ici:* zischen - **téméraire** très courageux - 23 **désigner** montrer - 29 **jaillir** sortir; *ici:* venir tout à coup

– De quoi ? ? ! fait-il, les yeux grands ouverts de stupéfaction.
– Un chritte et une kaissa ! dis-je trois fois moins fort que précédemment, persuadé que quelque chose d'anormal est en train de se passer.
– Mais qu'est-ce que c'est que ça ? reprend le maître, amusé.
– C'est quelque chose qu'on se met sur la main pour se laver ...
– Un gant de toilette ?
– Je sais pas, m'sieur.
– Comment c'est fait ?
Je lui explique.
– C'est bien ça, dit-il. C'est un gant de toilette. Et vous, vous dites une kaissa à la maison ?
– Oui, m'sieur. Mais on l'utilise seulement quand on va aux douches avec ma mère.
– Et un chritte, alors, qu'est-ce que c'est ?
– Eh ben, m'sieur, c'est comme beaucoup de bouts de ficelle qui sont entortillés ensemble et ça gratte beaucoup. Ma mère, elle me frotte avec ça et je deviens tout rouge.
– Ça s'appelle un gant de crin, conclut-il en souriant.
Je rougis un peu mais il m'encourage :
– C'est bien de nous avoir appris ça, en tout cas !
Un bref silence s'ensuivit. Puis il se mit à nouveau à nous exposer la théorie de l'hygiène. Je me rendis compte qu'au Chaâba nous étions de très mauvais praticiens, mais je ne le dis pas.
– Maintenant, reprend-il après avoir parlé pendant une demi-heure, vous allez tous enlever vos chaussettes et les mettre à plat sur vos tables. Je vais vérifier la propreté de chacun d'entre vous.
Une terrible angoisse me prend à la gorge. Mais elle s'atténue rapidement lorsque je me souviens que ma mère m'a fait mettre des chaussettes propres ce matin. Autour de moi, c'est le silence total, puis tous les élèves se baissent pour dénouer les lacets de leurs chaussures. Je m'exécute, mets le nez dans mes chaussettes pour tester le parfum. Hum ! ça va. Je ne serai pas trop ridicule ! A côté de moi, Jean-Marc allonge sur la table les couleurs pures de ses chaussettes en Nylon. M. Grand passe dans les rangs, cueille ici et là quelques échantillons,

---

1 **la stupéfaction** surprise - 2 **précédemment** avant - 12 **utiliser** employer - 15 **une ficelle** Bindfaden, Schnur - 16 **(s')entortiller** verknäueln - 18 **un gant de crin** Massagehandschuh - 21 **s'ensuivre** suivre - **exposer** faire connaître - 22 **se rendre compte** comprendre - 23 **un praticien** → la pratique - 25 **une chaussette** Socke - 27 **s'atténuer** devenir moins fort - 30 **dénouer** aufknoten - **un lacet** Schnürsenkel - 32 **ridicule** lächerlich - 34 **cueillir** *ici:* prendre - **un échantillon** un objet qui sert d'exemple

se garde bien de les renifler trop profondément, mais les tourne dans tous les sens pour analyser la nature des taches et des trous.

– Pas très propre, ça ! Très bien ! dit-il à quelques-uns.

Tandis que certains sont fiers d'être conformes à la morale, d'autres se maudissent de n'avoir pas pensé à changer de chaussettes ce matin.

M. Grand parvient auprès de Moussaoui et de son équipe. Pas de chaussettes sur la table.

– Moussaoui, ôtez vos chaussettes et posez-les immédiatement sur le bureau, fait-il calmement.

L'élève hésite quelques instants, pose son regard sur la fenêtre et, finalement, se décide à parler en fixant le maître.

– Mes chaussettes, je les enlève pas, moi. Pourquoi que je les enlèverais, d'abord ? C'est pas le service d'hygiène ici ? Et pis d'abord, vous êtes pas mon père pour me donner des ordres. J'enlèverais pas mes chaussettes. C'est pas la peine d'attendre ici !

M. Grand vire au rouge d'un seul coup, paralysé par la surprise. Ça doit être la première fois de sa vie d'instituteur qu'il a à faire face à une telle rébellion.

Moussaoui résiste, plus déterminé que jamais. Peut-être est-il respectueux des narines de son adversaire, après tout ?

– Tu as les pieds sales. C'est pour ça que tu ne veux pas ôter tes chaussettes, rétorque le maître qui, sans s'en rendre compte, tutoie son élève.

Alors, l'incroyable se produit. Moussaoui, le rire jaune, le foudroie d'un regard méprisant, avant de lui lancer :

– T'es rien qu'un pédé ! Je t'emmerde.

Un froid givrant mortifie la classe. Pendant quelques secondes, on entend le maître balbutier. Les mots ne parviennent pas à ses lèvres. Il est décontenancé. Moussaoui s'enhardit. Il se lève, se place dos à la fenêtre, de profil par rapport au maître, poings serrés, et lui crie :

– Si tu veux te battre, pédé, viens. Moi, tu me fais pas peur !

M. Grand ne parvient même plus à rire de cette situation grotesque. Il retourne à son bureau et sans regarder Moussaoui, lui dit :

---

1 **se garder de** + *inf* essayer de ne pas - **renifler** (be)schnuppern - **profond** *ici:* fort - 2 **une tache** Flecken - 4 **conforme à** en accord avec - 5 **maudire qn** jdn verwünschen - 8 **ôter** enlever - 11 **fixer qn** regarder qn dans les yeux - 13 **pis** *fam* puis - 16 **virer** changer (de couleur) - **paralysé,e** gelähmt - 19 **déterminé,e** *ici:* décidé - 20 **les narines** *f* les trous de nez; *ici:* le nez - **un adversaire** Gegner - 23 **un rire jaune** gezwungenes Lachen - **foudroyer qn du regard** jdm einen vernichtenden Blick zuwerfen - 24 **méprisant** → le mépris - 25 **un pédé** *fam* un homosexuel - **je t'emmerde** *pop* du kannst mich mal - 26 **givrant,e** eisig - **mortifier** *ici:* erstarren - 27 **balbutier** [-sje] stammeln - **les lèvres** *f* Lippen - 28 **décontenancer** troubler fortement - **s'enhardir** prendre courage - 29 **un poing** Faust - **serré,e** *ici:* geballt

– On réglera ça chez le directeur !
Le cousin se rassied en desserrant sa garde.
– Le directeur ? Je le nique, avertit-il avant de se situer à un niveau plus général. Et d'abord, je vous nique tous ici, moi, un par un.
– Vous serez expulsé de l'école, pauvre idiot.
– Tu sais où je me la mets, ton école ?
– Bon, ça suffit maintenant, dit le maître, sinon je vais me fâcher pour de bon !
– Fâche-toi ! Fâche-toi ! s'excite à nouveau le rebelle en sautillant sur ses jambes, à la Mohamed Ali. Viens ! Viens ! Je t'attends ! [...]
– Continuez ! Quand vos parents ne toucheront plus les allocations familiales, vous serez content !
Ces derniers mots assomment Moussaoui. L'argument est de taille. Qu'on l'expulse de l'école, soit, mais qu'on touche au portefeuille de son père parce qu'il ne veut pas montrer ses chaussettes au maître, non ! La peur apparaît sur son visage et ses yeux retombent sur son bureau, vaincus. Le moribond grommelle encore dans sa bouche quelques mots incompréhensibles, puis, soudainement, une lueur jaillit de son corps tout entier.
– Vous êtes tous des racistes ! hurle-t-il. C'est parce qu'on est des Arabes que vous pouvez pas nous sentir !
M. Grand a les cartes en main. Il attaque :
– Ne cherchez pas à vous défendre comme ça. La vérité, c'est que tu es un fainéant et que les fainéants comme toi ne font jamais rien dans la vie. Regardez Azouz ... (Toutes les têtes se retournent alors vers moi.) C'est aussi un Arabe et pourtant il est deuxième de la classe ... Alors, ne cherchez pas d'alibi. Vous n'êtes qu'un idiot fainéant.
Moussaoui a la bouche ouverte sur son cahier. Il était sur le point de riposter encore une fois, de prouver au maître qu'il était raciste, et voilà qu'il reçoit en pleine face une vérité implacable. C'est fini. Il agonise. Et à cause de moi ! J'ai peur des représailles des cousins.

2 **desserrer sa garde** *ici:* desserrer ses poings. - 3 **niquer qn** *pop ici:* auf jdn sch... - **avertir** *ici:* dire - 5 **expulser** (von der Schule) verweisen - 7 **se fâcher** se mettre en colère (zornig werden) - 9 **s'exciter** s'énerver (sich aufregen) - **sautiller** hüpfen - 11 **toucher** *ici:* recevoir - **les allocations familiales** Kindergeld - 14 **un portefeuille** Brieftasche - 17 **vaincre** battre - **un moribond** qn qui va bientôt mourir - **grommeler** murmurer, maugréer - 18 **soudainement** tout à coup - **une lueur** Funke - 21 **ne pas pouvoir sentir qn** *fam* ne pas aimer qn - 22 **avoir les cartes en main** avoir l'avantage - 24 **un fainéant** qn qui ne veut pas travailler - 30 **riposter** répondre - 31 **la face** *ici:* le visage - **implacable** unerbittlich - **agoniser** in den letzten Zügen liegen - 32 **des représailles** *f* Vergeltungsmaßnahmen

Quelques instants plus tard, la sonnerie me sort de ma torpeur. Alors que nous nous dirigeons vers la cour de récréation, quelques élèves français commentent à voix basse le coup d'Etat des Arabes du fond de la classe.

J'allais voir Hacène qui jouait aux billes dans un coin de la cour lorsque Moussaoui s'est approché de moi, suivi de sa garde impériale. Ses yeux brillaient de haine.
– Qu'est-ce que tu me veux encore ? ai-je dit.
– Viens, on va plus loin. Il faut que je te parle.

Nous nous éloignons de l'endroit où les maîtres et le directeur sont réunis. D'ailleurs, j'aperçois M. Grand au milieu d'eux en train de commenter ce qui vient de lui arriver.

– Tu vois, me fait Moussaoui, nous on est des Arabes et c'est pas un pédé de Français qui va nous faire la rachema en reniflant nos chaussettes devant tout le monde.
– Et alors ?
– Et alors ... et alors ? Toi, t'es le pire des fayots que j'aie jamais vus. Quand il t'a dit d'enlever tes chaussettes, qu'est-ce que t'as dit ? Oui, m'sieur, tout de suite ... comme une femme.
– Et alors ?
– Eh ben dis-nous pourquoi ?
– Eh ben c'est parce que c'est le maître ! Et pis d'abord je m'en fous parce que ma mère elle m'a donné des chaussettes toutes neuves ce matin ...

Tandis que Moussaoui manifeste des signes d'exaspération, Nasser le supplée :
– Nous, on est tous derniers, t'es d'accord ?
– Ouais.
– Et pourquoi qu'nous on est tous derniers ?
– Je sais pas, moi !
– Tu vois pas que le maître, c'est un raciste ? Il aime pas les Arabes, je te dis ...
– Je sais pas !
– Ah, c'est vrai, il sait pas, reprend Moussaoui. C'est normal, c'est pas un Arabe.

Les autres acquiescent.

---

1 **la torpeur** Benommenheit - 3 **un coup d'Etat** Staatsstreich - 4 **le fond** *ici:* ≠ le devant - 5 **une bille** Murmel - 6 **impérial,e** kaiserlich - 7 **briller** *ici:* glänzen - **la haine** ≠ l'amour - 14 **la rachema** *arabe* la honte - 17 **un fayot** Streber - 22 **je m'en fous** *fam* ça m'est égal - 25 **manifester** *ici:* montrer - **l'exaspération** *f* l'énervement - 26 **suppléer qn** remplacer qn - 31 **acquiescer** faire un signe qui veut dire oui

20

– Si ! Je suis un Arabe !
– J't'e dis que t'es pas comme nous!
Alors là, plus aucun mot ne parvient à sortir de ma bouche. Le dernier est resté coincé entre mes dents. C'est vrai que je ne suis pas comme eux. Moussaoui sent mon hésitation et il poursuit :
– Si t'en étais un, tu serais dernier de la classe comme nous !
Et Nasser reprend :
– Ouais, ouais, pourquoi que t'es pas dernier avec nous ? Il t'a mis deuxième, toi, avec les Français, c'est bien parce que t'es pas un Arabe mais un Gaouri comme eux.
– Non, je suis un Arabe. Je travaille bien, c'est pour ça que j'ai un bon classement. Tout le monde peut être comme moi.
Un troisième larron intervient avec une question rituelle :
– Eh ben dis pourquoi t'es toujours avec les Français pendant la récré ? C'est pas vrai que tu marches jamais avec nous ?
Les autres inclinent la tête en signe d'approbation. Que dire ?
Une terrible impression de vide s'empare de moi. Mon cœur cogne lourdement dans mon ventre. Je reste là, planté devant eux, et, sur mon visage, mille expressions se heurtent, car j'ai envie de pleurer, puis de sourire, résister, craquer, supplier, insulter.
– Tu vois bien que t'as rien à dire ! C'est qu'on a raison. C'est bien ça, t'es un Français. Ou plutôt, t'as une tête d'Arabe comme nous, mais tu voudrais bien être un Français.
– Non. C'est pas vrai.
– Bon, allez, laissez-le tomber, fait Moussaoui. On parle pas aux Gaouris, nous.
Et ils s'éloignèrent, me méprisant de la tête aux pieds, comme s'ils avaient démasqué un espion.

(Le gone du Chaâba)

---

4 **coincé,e** bloqué - 5 **poursuivre** *ici:* continuer- 10 **un Gaouri** *arabe* un Français - 13 **un larron** un bandit; *ici:* un Arabe - **intervenir** prendre la parole - **rituel,le** üblich - 16 **l'approbation** *f* le fait d'être d'accord - 17 **s'emparer de** prendre (par la force) - **cogner** battre - 18 **lourd,e** *ici:* fort - **planté,e** *ici:* debout - 19 **se heurter** se confronter - 20 **craquer** zusammenbrechen- **insulter** injurier (beschimpfen)

La petite différence

T'es pas un Arabe ! T'es un Français ! Faux frère ! Fayot ! Mais que leur ai-je donc fait, aux cousins de la classe ? T'es pas un Arabe ! Si ! Je suis un Arabe et je peux le prouver : J'ai le bout coupé comme eux, depuis trois mois maintenant. C'est déjà pas facile de devenir arabe, et
5 voilà qu'à présent on me soupçonne d'être infidèle.

Ah ! ils croyaient me cacher que mon jour était arrivé, mes chers parents, mais je n'étais pas dupe. Plusieurs jours avant la cérémonie, ils avaient commencé à nous mettre en condition, Moustaf et moi.

A son petit agneau, ma mère répétait sans cesse :

10   – Mais dis-moi, qu'est-ce que tu vas faire avec tout l'argent que tu vas gagner ? Tu m'en donneras un peu ? Qu'est-ce qu'il en a, de la chance, mon petit agneau !

Tu parles d'une chance ! J'aurais volontiers cédé mon tour pour une bouchée de pain. J'avais déjà assisté à la montée sur l'échafaud
15 d'un gone, envié sa soudaine richesse, mais je préférais malgré tout rester misérable.

Quatre jours avant le week-end décisif, les femmes avaient roulé le couscous dans d'énormes cuvettes. Ma mère avait utilisé celle dont elle ne s'était jamais séparée depuis El-Ouricia. Pendant la fabrication du
20 couscous, une ambiance des grands jours enveloppait le Chaâba. Une dizaine de femmes étaient adossées contre le mur des baraques, assises sur leur séant bien rempli, la jambe gauche tendue, l'autre complètement repliée, coinçant ainsi la cuvette dans laquelle les grains étaient roulés et accouplés. Les tamis, l'eau, le sel, la semoule … Tout y passait
25 dans un rythme scandé par les mouvements des bras. Une femme faisait le service, passant auprès des travailleuses pour proposer un café. Le mange-disques crachait des chants sétifiens, tandis que les enfants tournaient comme des mouches autour de leurs mères.

---

5 **soupçonner** verdächtigen - **infidèle** untreu; *ici:* ungläubig - 7 **être dupe** se laisser tromper - 8 **mettre qn en condition** «préparer» qn (mentalement) - 9 **un agneau** Lamm; *ici:* Azouz - **sans cesse** sans arrêt - 13 **volontiers** gern - **céder son tour** laisser sa place à un autre - 14 **une bouchée de pain** presque rien - **l'échafaud** *m* Schafott - 15 **un gone** *régional* un garçon - **envier** beneiden - 17 **rouler** *ici:* préparer - 18 **le couscous** Kuskus(Grieß) - **une cuvette** Schüssel - 20 **l'ambiance** *f* l'atmosphère - 21 **s'adosser** sich anlehnen (→ le dos) - 22 **le séant** *litt* Hintern - **rempli,e** plein; *ici:* gros - 23 **replié,e** gebeugt - 23 **un grain** Korn - **accoupler** mettre ensemble - 24 **un tamis** Sieb - **la semoule** Grieß - 25 **scander** *ici:* marquer - 27 **un mange-disques** kleiner Plattenspieler - **sétifien,ne** → *Sétif* (ville d'Algérie) - **tandis que** pendant que - 28 **une mouche** Fliege

Le bourreau était prévenu.

Le vendredi soir, l'ambiance était presque à son apogée au Chaâba, les bendirs battaient la cadence, les femmes, isolées dans la baraque des cousins, roulaient le nombril, et les hommes, regroupés chez nous, assis sur des chaises, racontaient la vie en France. Les enfants naviguaient entre les deux fêtes, picorant à droite, à gauche, dans les assiettes.

Je ne me souviens pas avoir dormi, tant la peur m'a serré le ventre. Sans relâche, j'ai interrogé mon frère :

– Dis-moi, ça fait mal ?
– J'en sais rien, moi, c'est la première fois aussi.
– Tu crois qu'on va gagner des ronds ? Et qu'est-ce qu'on va faire avec ? J'ai envie de m'acheter un vélo. Tu crois que le papa, y va vouloir ?

Moustaf a fini par s'endormir.

Dans la nuit, j'ai vu un homme qui s'approchait de moi, brandissant dans sa main une lame de rasoir, ricanant comme un fou. Lorsqu'il a posé sa main meurtrière sur ma tête, j'ai sursauté dans un ultime effort pour me dégager de son étreinte. Je me suis réveillé en me redressant brutalement. Ma mère était là, debout devant mon lit, souriante. Elle venait me réveiller.

Samedi, 7 heures du matin. Le jour le plus long.

Ma mère nous a fait prendre un bain dans la bassine familiale, nous a passé une culotte blanche à chacun et une gandoura tombant jusqu'aux chevilles.

9 heures du matin. Nous étions prêts, marchant, errant dans le quartier, angoissés, en attendant l'arrivée du tahar. Des convives arrivaient, nous embrassaient, nous encourageaient par des tapes amicales sur la tête. Enrobées dans de longs binouars aux mille reflets, arborant des bijoux en or au cou, aux poignets, autour du ventre, aux doigts, les femmes paradaient dans la cour.

---

1 **un bourreau** Henker - 2 **à son apogée** à son maximum - 3 **un bendir** *arabe* Handtrommel - **battre la cadence** donner le rythme - 4 **le nombril** Bauchnabel - **rouler le nombril** einen Bauchtanz aufführen - 6 **naviguer** aller (d'un côté à l'autre) - **picorer** prendre un peu à manger - 9 **sans relâche** sans arrêt - 12 **des ronds** *m fam* de l'argent - 16 **brandir** tendre - 17 **une lame de rasoir** Rasierklinge - **ricaner** rire - 18 **meurtrier, -ère** mörderisch - 19 **ultime** dernier - **se dégager** se libérer - **une étreinte** Umklammerung - 24 **une gandoura** *arabe* une sorte de chemise - 25 **la cheville** Knöchel - 26 **errer** aller ici et là - 27 **le tahar** *arabe* Mann, der die Beschneidung vornimmt - **un,e convive** un,e invité - 28 **une tape** un petit coup - 29 **enrobé,e** gekleidet - **un binouar** *arabe* une longue robe - **un reflet** Schimmer - 30 **arborer** *ici:* porter - **un bijou** Schmuckstück - **l'or** *m* Gold - **le cou** Hals - **un poignet** Handgelenk

A l'annonce du tahar, mon sang a cessé de circuler. Un homme, grand, de type européen, moustaches, vêtu d'un costume marron « made in les puces de Villeurbanne » et d'une cravate découpée dans un vieux rideau vert. Mon père l'a accueilli et introduit dans la pièce centrale où un matelas avait été posé par terre, coiffé par deux énormes oreillers.

Le tahar nous a appelés. Après quelques paroles apaisantes, il a relevé nos gandouras jusqu'au nombril, baissé nos culottes et palpé notre bout de chair.

– Ça va bien ! a-t-il conclu, sourire aux lèvres. Comment tu t'appelles, toi?

– Azouz.

– Tu es un grand garçon, Azouz.

A midi, les invités ont fait honneur aux quintaux de couscous, à la sauce garnie des légumes les plus variés, aux morceaux de mouton, aux pastèques, aux dattes, aux gâteaux de semoule et au miel.

2 heures. Le tahar s'est levé de table pour pénétrer dans la salle d'exécution. Quelques hommes l'avaient suivi, nous entraînant avec eux. Les femmes étaient déjà là. Elles chantaient, tapaient sur les bendirs, s'égosillaient. Deux chaises ont été placées près de la fenêtre. Le tahar prépara ses instruments et ses produits et, lorsqu'il a fait un signe aux hommes debout près de moi, ma mère a commencé à pleurer.

Quatre hommes se sont alors emparés de moi. En une fraction de seconde, j'étais hissé sur la potence, les membres immobilisés. Des torrents de larmes de principe jaillissaient de mes yeux. Des invités se sont approchés de moi, ont glissé furtivement des billets dans mon foulard vert, en criant des encouragements pour être entendus.

Le tahar m'a pris le sexe dans les doigts, a fait émerger le gland rose. En voyant cette opération la douleur a commencé à m'envahir et j'ai pleuré très fort. Ensuite, il a tiré vers l'avant toute la peau superflue en poussant mon gland vers l'arrière, avec son pouce. J'ai hurlé, mais le cri de ma souffrance était couvert par les chants et les youyous des femmes.

---

1 **cesser** arrêter - 2 **une moustache** Schnurrbart - 3 **les puces** *f ici:* le marché aux puces - 4 **un rideau** Vorhang - **accueillir** recevoir - 5 **coiffer qc** *ici:* être posé sur qc - 6 **un oreiller** Kopfkissen - 8 **palper** betasten - 9 **la chair** Fleisch - 14 **faire honneur à (un repas)** tout manger avec plaisir - **un quintal** 100 kg - 15 **garni de** avec - 16 **une pastèque** Wassermelone - **une datte** Dattel - 18 **entraîner** emmener - 20 **s'égosiller** crier très fort - 23 **une fraction** *ici:* une partie - 24 **hisser** monter - **une potence** Galgen - **les membres** *m* Gliedmaßen - **immobiliser** ruhig stellen - **un torrent** Wildbach - 26 **glisser** mettre - **furtivement** discrètement - **un foulard** Schal - 28 **émerger** sortir - **le gland** Eichel - 29 **envahir qn** *ici:* être partout en qn - 31 **le pouce** Daumen - 32 **la souffrance** Leiden - **les youyous** *m arabe:* cris d'enthousiasme

– Mon fils est un homme, il ne pleure pas, me répétait mon père.

Puis l'homme au costume, un genou à terre, a sorti son arme : ces ciseaux chromés, brillants, fins. A cette vision cauchemardesque, mon corps tout entier s'est raidi.

– Abboué, dis-lui d'arrêter ! Abboué, non, je ne veux pas ! Arrêtez ! Arrêtez ! Non...

– C'est très bien, mon fils, tu ne pleures pas ! clamait toujours mon père.

J'ai tenté de donner de l'élan à mon corps pour échapper à l'étreinte de mes bourreaux. J'ai plié mes jambes et les ai tendues violemment pour leur faire lâcher prise. En vain.

Dans la cohue des femmes collées les unes contre les autres, dégoulinantes de sueur, j'ai reconnu ma mère. Elle se passait un mouchoir sur le front et sur les yeux pour éponger la chaleur et la douleur.

– Emma ! Emma, dis-lui que je ne veux plus qu'il me coupe ! Dis-lui que je ne veux plus ! Emma, je t'en prie !

Elle a détourné la tête pour mieux pleurer.

Le tahar a porté sur moi un regard méchant puis a lancé :

– Arrête de bouger maintenant, ou je coupe tout.

Je me suis calmé.

Les deux branches des ciseaux ont pris mon bout en tenaille et le sang a giclé. Je me suis abandonné à la souffrance tandis que le tahar saupoudrait mon bout écorché de quelques poignées de coagulant. Puis il m'a pris dans ses bras pour me poser sur le matelas. Du reste, je n'ai plus de souvenirs. Ma mère et plusieurs vieilles femmes, en chantant des rites anciens, sont allées dans le remblai enterrer mon bout de chair avec des grains de couscous. Il y est toujours.

Dix jours sans pouvoir enfiler la moindre culotte, sans oser pisser de crainte de détacher mon bout restant, dix jours à marcher en canard pour éviter les frottements. Non, cousin Moussaoui, j'ai passé mon diplôme d'Arabe. J'ai déjà donné.

(Le gone du Chaâba)

---

1 **le genou** Knie - 3 **les ciseaux** *m* Schere - **cauchemardesque** → un *cauchemar* (Alptraum) - 6 **se raidir** steif werden - 5 **abboué** *arabe:* papa - 7 **clamer** crier - 8 **échapper à** entkommen - 10 **violent,e** *ici:* fort - **lâcher prise** ≠ tenir - **en vain** sans succès - 11 **une cohue** Durcheinander - **dégouliner** tropfen, rinnen - 12 **la sueur** Schweiß - 13 **éponger** enlever - **la chaleur** → chaud - 20 **une branche** *ici:* Scherenblatt - **prendre en tenaille** serrer (entre deux branches) - 21 **gicler** sortir brusquement - 22 **saupoudrer** bestreuen - **écorché,e** blessé (verletzt) - **une poignée** *ici:* un peu - **un coagulant** Blutgerinnungsmittel - 27 **enfiler (un vêtement)** mettre - 28 **détacher** perdre - 29 **en canard** *(m)* wie eine Ente - **un frottement** Reibung (→ frotter)

Un père d'origine maghrébine n'acceptera pas souvent de voir ses enfants baptisés à l'église. En revanche, il souhaitera circoncire les garçons pour satisfaire à la tradition culturelle. On retrouve là encore cette volonté de marquer ses descendants de l'empreinte dont on a soi-même hérité de ses parents (l'acte le plus important dans la passation de la loi du père au fils). Pour tous les autres sujets de friction comme l'apprentissage de la langue arabe, le ramadan, la consommation d'alcool ou de porc, l'acuité est moins forte. Ce sont là des traits invisibles, transparents, avec lesquels l'individu peut jouer pour être reconnu dans sa communauté. En revanche, le prénom et la circoncision agissent comme des marques physiques. Indélébiles et visibles, elles ont un poids symbolique d'une extrême importance pour les jeunes d'origine maghrébine. Plus que tous les autres critères, c'est l'attachement à ces marques qui doit être observé quand il est question de distance par rapport à la culture d'origine.

(Ecarts d'identité)

La honte 🎧

– T'es un Arabe ou un juif, toi ? me questionne l'aîné des Taboul, alors que nous sommes en récréation.

C'est la première fois qu'il s'adresse directement à moi depuis que l'école a recommencé. Son frère lui colle à la ceinture comme d'habitude.

Ce matin, je me sens fragile devant les frères Taboul.

Depuis que la terrible question a été posée, j'ai eu le temps de réfléchir à mille conséquences de ma réponse, en une fraction de seconde. Il ne faut pas donner l'impression d'hésiter.

– Je suis juif ! dis-je, convaincu.

Les deux Taboul manifestent leur satisfaction. Je savais qu'ils étaient juifs, car, à la télévision, on n'entend plus parler que de la

---

2 **baptiser** taufen - **circoncire** beschneiden - 3 **satisfaire à** être en accord avec - 4 **un descendant** Nachkomme - **une empreinte** une marque - 5 **hériter** erben - 7 **une friction** un frottement; *ici:* un conflit - 7 **un apprentissage** → apprendre - 8 **le porc** la viande de cochon - **l'acuité** *f* Brisanz, Schärfe - 9 **un trait** Kennzeichen - 10 **reconnaître** *ici:* accepter - 10 **la circoncision** Beschneidung (→ circoncire) - 11 **indélébile** qui ne peut pas disparaître - 14 **l'attachement** *m ici:* Festhalten - 16 **un juif** Jude - 19 **coller à la ceinture de qn** jdm am Rockzipfel hängen

guerre des Six Jours entre Arabes et Israéliens. D'ailleurs, fréquemment, l'aîné traite son frère de « sale Arabe » lorsqu'il veut l'injurier le plus gravement possible. C'est comme Bouzid lorsqu'il nous traite de « juif » tout court, à la maison. Lui ne rajoute pas d'indice d'hygiène.

Je suis juif, j'ai dit. Parce que les Taboul sont deux, qu'ils connaissent bien la maîtresse et beaucoup d'autres élèves. Si j'avais avoué que j'étais arabe, tout le monde m'aurait mis en quarantaine, à part Babar, bien sûr. Et puis, les Taboul racontent aussi que, dans le désert, là-bas, un million d'Israéliens ont mis en déroute plusieurs millions d'Arabes, et je me sens humilié à l'intérieur. Alors, il valait mieux que je sois juif.

– Pourquoi tu t'appelles Azouz ? demande Alain, intrigué par cette consonance berbère.

– C'est parce que mes parents sont nés en Algérie, c'est tout. Alors j'ai un nom de là-bas. Mais je suis né à Lyon de toute façon, alors je suis français.

– Ah bon ?! fait Alain, perplexe.

Heureusement, je suis sauvé par le gong. La sonnerie nous rappelle au travail, mais je suis mal barré pour les prochains jours.

Ça c'est passé un soir vers 5 heures, alors que Mme Valard venait juste de nous libérer. Je descendais l'escalier qui débouche directement sur le trottoir de la rue, les deux compatriotes juifs à mes côtés. Plusieurs mamans attendaient leurs gones. Soudain, une vision insupportable boucha le cadre de la porte.

Là, sur le trottoir, évidente au milieu des autres femmes, le binouar tombant jusqu'aux chevilles, les cheveux cachés dans un foulard vert, le tatouage du front encore plus apparent qu'à l'accoutumée : Emma. Impossible de faire croire qu'elle est juive et encore moins française. Elle me fait un signe de la main pour m'avertir de sa présence, quand Alain dit à son double :

– Regarde, elle t'appelle, l'Arabe !

Le double éclate de rire, un rire des plus ignobles, avant de poursuivre :

– C'est ta femme ?

---

4 **un indice** une indication - 6 **avouer** accepter - 7 **mettre qn en quarantaine** l'isoler - **à part** sauf - 9 **le désert** Wüste - **mettre en déroute** in die Flucht schlagen - 10 **humilié,e** erniedrigt - 12 **intrigué,e** surpris - 13 **une consonance** Klang - **berbère** vom Volk der Berber (Ost-Algerien) - 19 **mal barré,e** *fam* dans une situation difficile - 21 **libérer** *ici:* laisser partir - **déboucher** münden - 22 **un,e compatriote** qn qui vient du même pays - 23 **insupportable** unerträglich - 24 **un cadre** Rahmen - 27 **un tatouage** Tätowierung - **à l'accoutumée** d'habitude - 29 **avertir** informer - 32 **ignoble** méchant

Et ils s'esclaffent de plus belle, là, à quelques centimètres de moi. Et je reste muet, piégé, comme les Égyptiens dans le désert du Sinaï. Je feins de rattacher le lacet de ma chaussure pour attendre qu'ils s'éloignent de moi. Et lorsqu'ils me tournent le dos, j'adresse à ma mère de grands signes de bras, secs, déterminés ! Je lui parle avec mes yeux, mes mains, mon corps tout entier pour la supplier de s'en aller, de se mettre ailleurs.

D'abord, elle ne comprend rien à mes gestes et continue de me sourire et d'agiter son bras dans ma direction. Puis, au fur et à mesure que j'accentue mon mouvement de colère, son sourire disparaît de ses lèvres, son bras s'abaisse, son corps se fige. Finalement, elle fait marche arrière et s'en va se cacher derrière une voiture. Sauvé ! Pendant ce temps, les autres mamans retrouvent leurs enfants à grands coups d'embrassades.

– Salut ! A demain, font les Taboul.
– A tout à l'heure, me dit Babar. Rue de la Vieille !
– Non. Attends-moi ! lui dis-je. Je vais avec toi.

Emma attend toujours son fils derrière la voiture. Je jette un coup d'œil vers elle. La pauvre est immobile. Elle me voit prendre une direction opposée à la sienne et comprend enfin que je ne veux pas la voir du tout. Alors, elle part seule dans la rue Sergent-Blandan pour retourner à la maison.

– Salut, dis-je à Babar. Finalement, je rentre chez moi.

Il ne comprend pas. Je cours en direction d'Emma et la rejoins en deux enjambées :

– Pourquoi tu viens m'attendre devant l'école ? lui dis-je sans ménagement.
– Pour apporter ton goûter. Regarde, j'ai acheté une brioucha avec li chicoulat pour toi. Tu en veux ?

Elle tire avec délicatesse une brioche de l'une de ses poches.

– Non, j'en veux pas. J'ai pas faim et d'abord je ne veux plus que tu viennes m'attendre devant l'école.

Elle paraît surprise de mon emportement violent, puis, tristement, elle demande :

– Pourquoi ?

---

1 **s'esclaffer** rire fort - **de plus belle** encore plus fort – 2 **muet,te** qui ne parle pas (stumm) - **piégé,e** in der Falle - 3 **feindre** faire semblant, simuler - 11 **s'abaisser** descendre - **se figer** ≠ bouger - 25 **une enjambée** un grand pas - 26 **sans ménagement** *(m)* brutalement - 28 **un goûter** un petit repas, l'après-midi - **une brioucha, li chicoulat** *en fait:* une brioche, le chocolat - 30 **avec délicatesse** doucement - 33 **l'emportement** *m* Zornausbruch

– Je ne suis pas un bébé. Je suis assez grand pour rentrer tout seul à la maison.

– Je ne reviendrai plus t'apporter ton goûter devant l'école, mon fils. Ne te mets pas en colère contre moi.

Nous avons marché quelques mètres côte à côte, puis elle s'est arrêtée pour me dire dans les yeux :

– Je t'ai fait honte, hein ?

J'ai dit :

– Ça va pas, non ! Mais qu'est-ce que tu racontes ?

– Je n'aime pas quand tu cries comme ça. Regarde. Tout le monde nous regarde.

– Pourquoi tu dis que j'ai honte de toi ?

– Parce que je ne ressemble pas à une Française, et puis mon binouar ...

Je l'interromps :

– Mais non, c'est pas ça. Je t'ai dit que je ne veux pas que tu viennes m'attendre à la sortie comme si j'étais un bébé. Regarde mes copains de classe : personne ne vient les attendre, eux !

– Oui, oui, tu as raison, me dit-elle. C'est ma faute, je voulais prendre l'air un peu et j'ai pensé à acheter un goûter pour te l'apporter à l'icoule.

– Donne-le-moi, maintenant, Emma. J'ai faim.

Elle m'a tendu le pain et le chocolat et nous avons marché jusqu'à la maison. Un profond sentiment d'humiliation me coupait l'appétit.

(Le gone du Chaâba)

Et la morale, alors ? 🎧

Une dame arabe a franchi le portail de l'entrée principale. Elle se dirige dans ma direction. Son accoutrement attire les regards. Elle est habillée comme ma mère lorsqu'elle fait la cuisine : un binouar orange, des claquettes aux pieds et un foulard rouge qui lui serre la tête. Autour de son ventre rond, une ceinture en laine. Elle s'approche de moi, me regarde, sourit. Après m'avoir salué en arabe, me parle à voix basse comme si elle avait peur d'être surprise par quelqu'un.

---

19 **l'icoule** *en fait:* l'école - 22 **l'humiliation** *f* Erniedrigung (→ humilié) - 23 **un portail** une grande porte - 24 **un accoutrement** des vêtements bizarres - 26 **des claquettes** *f ici:* une sorte de sandales - 27 **la laine** Wolle

– C'est bien toi le fils de Bouzid d'El-Ouricia ? C'est vous qui habitez dans les baraques, vers les chalets ? Écoute ! J'habite moi aussi à El-Ouricia. Je connais bien ta famille. D'ailleurs, tu diras bonjour à ta mère. Dis-lui : « Djamila te passe le bonjour. » Tu travailles bien à l'école ? Écoute, rends-moi un service : assieds-toi à côté de mon fils Nasser pour l'aider pendant les compositions ...

Je commence à comprendre pourquoi elle est venue vers moi.

– Nous sommes tous des Arabes, non ? Pourquoi vous ne vous aidez pas ? Toi tu aides Nasser, lui il t'aide, etc.

Je connais Nasser. Il ne brille pas beaucoup en classe. Mais qu'y puis-je ? Que dois-je répondre à cette femme ? Je reste muet, non pas parce que je juge cette attitude meilleure qu'une autre, mais parce que je suis incapable de penser quoi que ce soit face à cette insolite demande. La dame me fait de la peine. Je comprends qu'elle veuille que son fils soit lui aussi un savant, comme les Français. Elle est toujours là, plantée devant moi, l'air de plus en plus gêné. Elle m'implore au nom de nos familles, au nom des Arabes du monde.

Non, c'est trop dangereux. Il faut que je le lui dise franchement.

– Je vais demander au maître si ton fils peut se mettre à côté de moi pour les compositions !

Elle croit que je suis naïf, que je n'ai pas compris la complicité qu'elle sollicite.

– Mais tu n'as pas besoin de demander au maître ! réplique-t-elle.

– Tu veux que je triche, alors ?

– Oh ! tu emploies là de grands mots ... Il s'agit d'aider mon fils, pas ...

Je lui coupe la parole.

– Si tu ne veux pas que je demande au maître, alors je refuse ! ...

Je poursuis ma route vers la sortie en l'abandonnant à ses balbutiements. Je l'entends me maudire dans mon dos mais n'y prends garde. Pour qui se prend-elle ? Maintenant que le maître m'a dans ses petits papiers, elle croit que je vais tricher pendant les compositions. Quelle naïveté ! Et la morale, alors ? Moi qui, pendant les compositions, prends bien garde à ne pas divulguer mes connaissances, moi qui crains toujours que les autres copient sur moi, qu'ils me volent ce que

---

2 **un chalet** une petite maison en bois - 6 **une composition** *ici:* Klassenarbeit - 10 **briller** *ici:* être très bon - 12 **juger** *ici:* trouver - **une attitude** un comportement - 13 **insolite** bizarre - 14 **la peine** Leid - 15 **un savant** qn qui sait beaucoup de choses - 16 **implorer** supplier (anflehen) - 18 **franc, franche** ouvert, direct - 21 **une complicité** Beihilfe - 22 **solliciter** demander - 28 **le balbutiement** Stottern (→ balbutier) - 30 **avoir qn dans ses petits papiers** bien aimer qn - 33 **prendre garde** faire attention - **divulguer (un secret)** dire (ce qu'on sait)

je sais, ce que j'ai durement enregistré dans ma mémoire ... Elle croit, cette pauvre dame, que cela se fait comme ça, on se met les uns à côté des autres, on met en commun les connaissances ... et comme ça on est tous premiers de la classe ! Non, vraiment, elle est trop naïve. Personne n'empêche son fils de travailler comme moi. Alors pourquoi ne le fait-il pas ? Non, madame, vous ne me corromprez pas.

En franchissant les portes de l'école, je croise Nasser. Il attend sa mère. Sait-il ? Ne sait-il pas ? Il me dit au revoir ... Une preuve qu'il n'est pas au courant des tractations de sa mère. Sur la route du retour, j'interroge Zohra, un peu mal à l'aise malgré les apparences :

– Tu l'as vue, la mère à Nasser Bouaffia, quand elle me parlait tout à l'heure ?
– Ouais, répond-elle. Qu'est-ce que qu'elle te voulait ?
– Elle voulait que j'aide Nasser pendant les compositions !
– Ah ? Et qu'est-ce que tu lui as dit ?
– Je lui ai dit non, pardi ! Il fallait que je dise oui ?
– Non. T'as bien fait, conclut-elle, sans conviction.
– Tu dis ça pour me faire plaisir ...
– Non, dit-elle. Ça ne fait rien.
– Si. Dis-moi !
– Que veux-tu que je te dise ?
– Ce que tu penses.
– Eh ben, c'est vrai que tu aurais pu l'aider un peu ...
– A faire quoi ?
– A réviser, par exemple. Ou alors à faire des opérations ...

J'hésite pendant une seconde, quelque peu désorienté par les arguments de ma sœur.

– Oui, mais c'est pas ça qu'elle me demandait. Elle voulait qu'on triche pendant les compositions.
– Ah ben ça non ! répond-elle. Alors là, t'as vraiment bien fait.

Le doute d'être un faux frère est écarté définitivement de mon esprit et nous poursuivons notre chemin.

Nous arrivons au Chaâba. Aussitôt, je cours vers ma mère pour vérifier si elle connaît bien la maman de Nasser.

---

3 **mettre qc en commun** gemeinsam über etw. verfügen - 6 **corrompre** bestechen - 9 **être au courant (de qc)** être informé (de qc) - **une tractation** Handel, Manöver - 10 **mal à l'aise** unwohl - **les apparences** *f* Anschein (→ apparent) - 17 **une conviction** le fait d'être certain (de qc) - 25 **réviser** revoir ses leçons - **une opération** *ici:* un calcul (Rechnenaufgabe) - 26 **désorienté,e** *ici:* surpris - 31 **un doute** Zweifel - **écarter** éloigner (→ loin) - **définitivement** une fois pour toutes - 32 **l'esprit** *m ici:* les pensées

– Emma, tu connais Mme Bouaffia ?
– Oui, bien sûr. Son fils Nasser est dans ta classe, elle me l'a dit la dernière fois que je l'ai vue.
– Tu la connais bien, bien ?
– Très bien. On se connaissait déjà à El-Ouricia.
Cette fois, j'ai un peu honte. J'aurais peut-être dû proposer mon aide en dehors de la classe. Je serais allé chez Nasser pour l'aider à faire ses devoirs ...
– Pourquoi tu me demandes ça ? poursuit-elle.
– Je l'ai rencontrée à la sortie de l'école, tout à l'heure. Elle m'a dit de te saluer, dis-je pour mettre fin à la conversation.

(Le gone du Chaâba)

Félicitations quand même ! 🎧

Depuis longtemps, pour se donner de l'espoir, des chances de gagner, une récompense pour son travail de maçon, Abboué a tout misé sur l'un de ses enfants, un génie, un gentil, un plein d'ambition, plein de promesses, protégé de Dieu, un exemplaire unique : Ben Abdallah, alias Béni. Béni c'est moi, « mon fils » dans la langue du Prophète, « béni » dans celle du Christ, anagramme de « bien » dans celle du Petit Robert. J'avais tout pour réussir, tout pour plaire. Béni en quatre lettres, comme BEPC, le Brevet d'Enseignement du Premier Cycle que j'ai passé l'année dernière au CES des Capucines, les doigts dans le nez. […]

En oral de français, je suis tombé sur un texte d'Emile Zola : *Germinal*. Une examinatrice, anormalement belle pour une prof, m'a demandé de lire le texte pour commencer. J'ai lu en déballant toute ma verve, en faisant le comédien sur scène. Et dès que j'ai vu dans ses

---

10 **tout à l'heure** *ici:* il y a un moment - 11 **saluer qn** jdn (be)grüßen (→ Salut!) - **une félicitation** Glückwunsch - 13 **un maçon** Maurer - **tout miser sur qn** placer tous ses espoirs en qn - 14 **l'ambition** *f* Ehrgeiz - **une promesse** *ici:* un espoir - 15 **alias** *latin* autrement dit - 17 **un anagramme** Anagramm, Buchstabenrätsel - 19 **le BEPC** Mittlere Reife - 20 **un CES** weiterführende Schule - **les doigts dans le nez** *fam* sans se fatiguer – 21 **l'oral** *m* mündl. Prüfung - **tomber sur** stoßen auf; *ici:* bekommen - 22 **une examinatrice** un e prof qui fait passer un examen - 23 **déballer** auspacken - 24 **la verve** *ici:* l'enthousiasme - **un comédien** Schauspieler - **une scène** *ici:* Bühne - **dès que** à partir du moment où

yeux qu'elle aimait ma façon de dire les choses, j'ai mis tout le paquet et j'en rajoutais encore plus. Éberluée, admirative, choquée, elle était. Quinze sur vingt, Ben Abdallah ... Béni.

Quand je me suis levé pour partir, elle m'a demandé en souriant :
– De quelle origine vous êtes ?
– Humaine, j'ai dit pour plaisanter.
– Non, allez, sérieusement, elle a demandé en égal à moi.
– Algérien.
– Pour un étranger, vous maîtrisez plutôt bien le français. Félicitations.
– Je suis né à Lyon, j'ai corrigé.
– Félicitations quand même.

Bien sûr que j'aimais bien *Germinal*. Et bien d'autres élèves aussi appréciaient Zola. Mais faut dire que j'avais en plus la fibre du comédien, et, en cours de français, ça aidait bien pour allonger les notes d'oral. De toute façon, je voulais devenir comédien professionnel quand je serais grand. C'est cela qui expliquait pourquoi j'étais bon. Ma mère croyait que ses magies faisaient leur effet, mon père que son suivi de principe montrait son efficacité. Moi je laissais faire. [...]

Bien entendu, le jour où nous avons reçu la lettre annonçant que le diplôme était à moi, Emma a invité tous les gens qu'on connaissait dans la région, cousins ou pas cousins, et elle leur a fait, avec l'aide de mes sœurs, un couscous digne des quatre lettres du diplôme. Un couscous majuscule. Un couscous pour moi, en mon honneur. J'étais fier comme de l'Artaban, oubligi je suis fier puisque tous les gens étaient heureux grâce à moi. Il n'y a pas de honte à considérer à leur juste valeur des victoires comme celle de l'école.

(Béni ou le Paradis privé)

---

1 **mettre tout le paquet** *fam* in die Vollen gehen - 2 **rajouter qc** mettre qc en plus - **éberlué,e** très étonné - **admiratif, -ve** → admirer qn - 6 **humain,e** [-ɛn] menschlich (→ l'homme) - 7 **en égal à** gleichrangig mit - 9 **maîtriser qc** beherrschen - 14 **apprécier** *ici:* aimer - 14 **une fibre** *ici:* Ader - 15 **allonger** *ici:* verbessern - 18 **la magie** Zauberkunst - **faire (de) l'effet** *m* wirksam sein - 19 **le suivi de qc** le contrôle régulier de qc - **l'efficacité** *f* Wirksamkeit - 23 **digne** würdig - 24 **majuscule** écrit en grandes lettres; *ici:* magnifique - **en l'honneur de qn** zu Ehren von - 25 **Artaban** héros de roman dont le trait principal est la fierté - **oubligi** *prononciation «à l'algérienne» de:* (c'est) obligé; *ici:* c'est normal - 26 **considérer** betrachten - 27 **une victoire** *ici:* un succès

La marque du nom 🎧

Pour passer du cours de français au cours d'anglais, de maths, de physique ... on doit changer de prof, malheureusement, et à chaque fois, il faut que je me paye l'appel. Ça commence toujours bien, Alain Armand, Thierry Boidard ... et ça s'écrase sur moi : Benadla, Benaballa, Benbella
5 disent même ceux qui se trompent d'époque et mélangent tous les Ben. Oubligi je corrige le prof qui se casse la langue sur mon nom : « Ben Abdallah, m'sieur. » Tout le monde se marre autour de moi. Je rougis, je transpire des pieds et des mains, et surtout je ne sais pas où regarder. C'est ça le plus dur. Même quand personne ne rigole, je sens
10 chacun se retenir et, d'un côté comme de l'autre, je suis coincé.

Fils de serviteur d'Allah : voilà la définition de Ben Abdallah. Ça devrait impressionner, normalement, mais voilà comme on n'est pas au pays des djellabas et des mosquées, ça n'impressionne pas. Au contraire, ça fait rire. Qu'Allah me pardonne, mais quand j'aurai les
15 moyens et quand je serai plus sûr de moi, je changerai de nom. Je prendrai André par exemple. Parce que franchement, faut avouer que ça sert strictement à rien de s'appeler Ben Abdallah quand on veut être comme tout le monde.

On rentre chez le prof d'anglais. Un raciste qui souffre pas les gros
20 Arabes. Ça se voit comme un nez au milieu de la figure. Au début de l'année, il m'a humilié en pleine classe. On faisait une traduction de texte et, à un moment donné, il pose une question : quelle forme emploie-t-on après la conjonction « aussi », lorsqu'elle est placée en tête de phrase ? Et il se tait. La classe aussi, à croire que j'étais le seul
25 à connaître la réponse. Je regarde autour de moi, les yeux des élèves étaient promeneurs, les lèvres sifflantes, les épaules arc-boutées sur les tables. Je lève le doigt en l'air, le prof dit oui et moi je donne la réponse, très sûr de moi grâce à ma mémoire infaillible :

– M'sieur, on emploie la forme interrogative, c'est-à-dire, par
30 exemple : je lis beaucoup à la maison, aussi suis-je capable de répondre aisément à votre question.

---

3 **se payer qc** *fam* etw. über sich ergehen lassen - 4 **s'écraser** *ici:* stolpern - 4 **Benbella** ancien homme politique algérien - 8 **se marrer** *fam* rire, s'amuser - 8 **transpirer** schwitzen - 11 **un serviteur** Diener (→ servir) - 13 **une djellaba** une longue robe portée par les Maghrébins - **une mosquée** Moschee - 19 **ne pas souffrir qn** *litt* ne pas supporter qn - 23 **lorsque** quand - 24 **se taire** ≠ parler - 26 **promeneur, -euse** → se promener - **les lèvres** *f* Lippen - **l'épaule** *f* Schulter - **arc-bouter** abstützen - 28 **infaillible** qui ne se trompe jamais - 31 **aisé,e** facile

Silence de mort dans les rangs.

M. Agostini, dans un accent londonien parfait s'exclame :

– Very good, Ben Alla !

– Ben Abdallah ! Sir.

Bien calé sur son bureau, il sourit, se met à regarder toute la classe d'un œil de prof écœuré avant de dire :

– Si c'est pas un comble que le seul étranger de la classe soit le seul à pouvoir se vanter de connaître notre langue !

Naturellement, le silence heurtait encore plus les oreilles. Les autres prenaient cette erreur pour argent comptant.

– M'sieur, faut dire quand même que je suis pas totalement étranger puisque je suis né à Lyon comme tout le monde, je fais remarquer.

Michel Faure qui était assis à mon côté me corrige :

– Pas tous, moi je suis né à Oran !

Et quelques téméraires se mettent à rire à voix haute pour décrisper la situation. Je continue sur ma lancée :

– Autrement dit, je suis né à Lyon, aussi puis-je demander à être considéré comme un Lyonnais.

Et cette fois, même Agostini se met à rire et l'affaire est classée sans dégâts pour les Français. Mais il m'avait quand même traité d'étranger devant toute la classe. C'était toujours à cause de mon nom. Du côté du racisme il était pas très clair le prof d'anglais dont les parents avaient quitté leur botte natale il y a plusieurs années. J'avais failli lui dire qu'il était sans doute plus étranger que moi, mais ce n'est jamais bon de déstabiliser un prof devant sa classe.

Après le coup de la forme interrogative, M. Agostini faisait presque systématiquement l'appel en demandant :

– Ben Abdallah Bellaouina est-il présent ?

– Présent, m'sieur !

Il se moquait. Ça se voyait bien que j'étais dans la classe, non ? J'étais facilement reconnaissable !

(Béni ou le Paradis privé)

---

2 **londonien,ne** → Londres - **s'exclamer** ausrufen - 5 **calé,e** installé - 6 **écœuré,e** dégoûté (angewidert) - 7 **c'est un comble** das ist der Gipfel - 8 **se vanter** prahlen; *ici:* sich rühmen - 10 **prendre qc pour argent comptant** etw. für bare Münze nehmen - 12 **faire remarquer qc** auf etw. hinweisen - 14 **Oran** une ville d'Algérie - **décrisper** détendre - 16 **sur la lancée** auf derselben Schiene - 19 **classé,e** erledigt - 20 **les dégâts** *m* Schäden - **traiter qn de ...** jdn ein "..." nennen - 21 **du côté de** *pop* hinsichtlich - 22 **pas clair,e** *fam* suspect - 23 **la botte** *ici:* l'Italie - **natal,e** où on est né - **j'ai failli** beinahe hätte / wäre ich (→ faillir) - 25 **déstabiliser** verunsichern - 26 **le coup** *ici:* l'affaire - 30 **se moquer de** sich lustig machen über

Délit de faciès (1)

Sur un palier électrisé, l'ascenseur annonce enfin son arrivée par des frottements bruyants contre les parois du couloir. Nick porte aussitôt la main sur la poignée d'ouverture avant qu'il ne se stabilise à l'étage. L'appel part vers un autre client.
Une fois dans la cabine, Nick appuie sur un bouton marqué « RdC » à cause de la lettre « R » qui veut dire « Route ». Quand on descend à ce niveau, on arrive sur la route : minuscule elle apparaît du quatorzième étage, paraît-il.
Un bruit spécial avertit qu'on va démarrer mais l'appareil s'immobilise sec dans son élan et sa porte s'ouvre violemment. Mme Vidal !
– Nicou ! Tu sais très bien que ton père t'a dit de surveiller tes fréquentations ! dit-elle avec l'angoisse au fond des yeux. [...]
Elle parle à son fils, me regarde avec des yeux durs puis finit par me questionner par saccades.
– Vous habitez là, dans le bâtiment, d'abord ?
– Oui, madame.
– Dans quelle allée ?
– Celle d'à côté, madame.
– Arrêtez de dire toujours madame, ça m'énerve !
– Oui, madame.
– Depuis combien de temps ?
– Depuis combien de temps quoi ?
– … que vous habitez là !
– Environ deux mois, madame.
– Vous vous moquez de moi ?
– Non, madame, deux mois, je vous le jure sur la tête de ma mère ! Demandez au gardien si vous voulez.
– J'ai dit : « Arrêtez de m'appeler madame. »
– Pardon.
– Avec qui vous habitez ?
– Mes parents, mad…

---

un délit Delikt, Vergehen - **le faciès** le visage - 1 **un palier** Treppenabsatz - 2 **bruyant,e** → le bruit - **une paroi** un mur qui sépare deux pièces - 3 **une poignée** *ici:* Griff - 5 **appuyer** drücken - 6 **RdC** le rez-de chaussée - 7 **un niveau** Ebene - 7 **minuscule** très petit - 9 **avertir** *ici:* annoncer - **démarrer** starten - **s'immobiliser** ≠ bouger - 10 **sec** *ici:* d'un seul coup - 12 **les fréquentations** *f ici:* Umgang - 14 **une saccade** Ruck, Stoß - 17 **une allée** *ici:* Gang - 24 **environ** ungefähr - 26 **jurer** schwören

Puis quelqu'un tape à grand fracas contre une des portes d'accès à l'ascenseur. Ça vient d'en bas. Une voix d'homme s'engouffre en résonnant :
– Vous allez pas bientôt le lâcher, non ?
5 – Allez, laisse-nous, m'man. Ça gueule en bas, dit Nick.
Mais elle me dévisage toujours. Elle veut me mordre.
– Son père lui interdit de fréquenter n'importe qui !
Nick a appuyé sur le bouton RdC et nous avons démarré en sursaut. Mme Vidal est restée clouée sur place. N'importe qui... n'importe
10 qui... n'importe qui... reprenait mon écho intérieur.

(Béni ou le Paradis privé)

Délit de faciès (2) 🎧

Nous arrivons à la hauteur des escaliers du bout de l'immeuble, qui débouchent sur le parking. Debout sur un parterre, face à l'allée 260, quatre jeunes jouent aux cartes.
Soudain, du bruit, une agitation, je les vois se redresser tous les
15 quatre et observer avec attention la grande place du Suma. Poussé par un instinct de curiosité, je cours voir. [...]
En face de nous, à une cinquantaine de mètres, deux motards lourdement calés sur les BMW se sont cachés dans le dos d'un camion de livraison de lait Candia, stationné sur le parking du Suma. Monté lui
20 aussi sur une petite moto, un garçon tombait droit dans le piège. Alors, l'un des quatre joueurs de cartes porte deux doigts à sa bouche, souffle comme pour éteindre des bougies d'anniversaire et un sifflement strident craque dans l'air comme l'éclair.
– Fais gaffe, Riton ! Les flics ! hurle un autre.

---

1 **taper** frapper - **un fracas** un grand bruit - **un accès** Zu-, Eingang - 2 **s'engouffrer dans** entrer rapidement dans - 3 **résonner** *ici:* produire de l'echo - 4 **lâcher qn** *ici: fam* laisser qn tranquille - 5 **gueuler** *pop* crier - 6 **dévisager qn** regarder qn avec insistance - **mordre** beißen - 7 **n'importe qui** irgendwer - 8 **en sursaut** brusquement - 9 **cloué,e** festgenagelt - 11 **à la hauteur de** au niveau de - 12 **un parterre** *ici:* Vorplatz - 16 **la curiosité** → curieux - 17 **un motard** qn qui conduit une moto - 18 **le dos** *ici:* Rückseite - 19 **de livraison** Liefer- - 22 **souffler** blasen, pusten - **une bougie** Kerze - **un sifflement** → *siffler* (pfeiffen) - 23 **strident,e** schrill - **un éclair** Blitz - 24 **faire gaffe** *fam* faire attention

Le premier siffle de plus belle.

Le dénommé Riton regarde dans notre direction en ralentissant sa moto, fait demi-tour sans toucher terre et sa machine s'emporte sur la roue arrière, faisant jaillir de son ventre des étincelles grosses comme des étoiles. De l'autre côté du camion, les deux méchants loups ont entendu aussi les cris d'avertissement : ils lancent leurs BM aux trousses du petit agneau.

Riton s'engage dans les artères centrales du centre commercial mais les deux policiers le prennent en chasse, se frayant un passage forcé au milieu des cris de terreur des passants plaqués contre les murs et les vitrines des magasins. Riton changeait fréquemment de vitesse pour slalomer plus facilement dans les méandres du centre commercial, puis juste derrière le bureau de tabac, il disparaît dans une montée d'escalier.

À cause de la lourdeur de leurs machines, les motards sont obligés de cesser leur poursuite. Le piège n'a pas fonctionné. L'agneau a fui.

Hors d'atteinte, il fait semblant de s'arrêter, oriente sa roue avant vers la foule qui entoure les motards, éclaire son visage d'un sourire radieux et envoie un magistral bras d'honneur avant de s'engouffrer dans les entrailles d'un immeuble.

J'ai pensé que le bras d'honneur était destiné aux propriétaires des BMW qui ne disaient plus rien. J'étais content pour Riton et j'ai dû laisser échapper un sourire, faire un signe déplacé : les deux méchants loups noirs se sont avancés vers moi après être descendus de cheval. Vers moi et personne d'autre. Tout de suite j'ai peur. L'un des deux fond sur moi comme si j'étais quelqu'un de ses connaissances.

– Toi, l'Américain, tes papiers !

Je n'ai pas réagi sur le coup vu que je ne suis pas du tout américain, mais j'ai fini par balbutier que je n'avais pas de papier sur moi à part ma carte de bus, la photo du journal où il est prouvé que je suis champion de football, et une photocopie de mon BEPC.

---

1 **de plus belle** encore plus fort - 2 **le dénommé ...** celui qu'on appelle ... - 3 **faire demi-tour** umkehren - 4 **une étincelle** Funke - 5 **une étoile** Stern - **un loup** Wolf - 7 **aux trousses de qn** hinter jdm her - 8 **une artère** (Verkehrs)Ader - 9 **se frayer (un chemin)** s. einen Weg bahnen - 10 **forcé,e** *ici:* produit par la force - **un passant** Fussgänger - **plaqué,e** flachgepresst - 11 **fréquemment** souvent - 12 **un méandre** Windung - 17 **hors d'atteinte** außer Reichweite - **orienter** tourner (dans une autre direction) - 18 **la foule** un grand nombre de personnes - 19 **radieux, -ieuse** strahlend - **magistral,e** grand, fameux - **faire un bras d'honneur à qn** jdm den Stinkfinger zeigen - 20 **les entrailles de qc** *f, litt* l'intérieur de qc - 21 **destiné,e à** bestimmt für - 24 **un cheval** *ici:* la moto - 26 **fondre sur qn** sich auf jdn stürzen - 28 **sur le coup** tout de suite

– Je vais t'apprendre à siffler ton copain. Ça va t'amener très loin. Association de malfaiteurs, entrave à la justice ! Tu vas en prendre plein la gueule, p'tit gros !

Alors là, c'en était trop. Un policier ne devait pas dire des insultes aux gens parce qu'il était « assez r'monté » pour les protéger, les gros comme les autres. Je savais mon droit.

– Pourquoi vous m'insultez ? Vous avez pas le droit. Je veux savoir votre numéro de matricule pour porter plainte !

Quelqu'un m'avait dit qu'on pouvait théoriquement leur demander leur numéro pour limiter les abus de pouvoir.

– Mon numéro de matricule !… il a fait, le motard.
– Oui, j'ai le droit.
– Et mon 43 dans tes fesses, tu le veux aussi ?

Je n'ai plus demandé de numéro. Mais, j'ai fait remarquer que je ne pouvais pas avoir sifflé puisque je ne savais pas siffler de ma bouche avec mes doigts.

– Je peux vous montrer, si vous ne me croyez pas ! j'ai ajouté pour me disculper.

– Tu te fous de ma gueule !

Je n'avais pas l'habitude de mentir aux policiers.

– C'est toi qui a sifflé. Je t'ai vu ! a appuyé l'autre motard.

Bon, je me suis dit que là, il y avait un problème de compréhension. J'ai fait savoir que je ne portais pas de papier d'identité sur moi parce que je pensais qu'à mon âge, ce n'était pas oubligi de trimbaler un papier comme quoi on est bien soi-même et pas quelqu'un d'autre.

– Si tu continues de te foutre de ma gueule, je te colle un … à magistrat.

Je n'ai pas tout compris ce qu'il désirait faire passer, mais ça allait bien comme ça. J'ai constaté que monsieur perdait patience et qu'il me fallait agir rapidement. J'ai trouvé une idée :

---

1 **amener qn loin** *ici:* für jdn Folgen haben - 2 **une association** *ici:* Bande - **un malfaiteur** un criminel (Verbrecher) - **une entrave** Behinderung - 3 **en prendre plein la gueule** *pop* die Hucke voll kriegen - 4 **une insulte** Beleidigung - 5 **remonté,e** *ici:* énervé - 8 **le numéro de matricule** le numéro d'identification d'un policier - **porter plainte** Strafanzeige erstatten (→ se plaindre) - 10 **un abus** Missbrauch - 13 **mon 43** *ici:* mon pied (qui chausse du 43) - **les fesses** *f, pop* le derrière (Hintern) - 18 **se disculper** prouver qu'on n'est pas en faute - 19 **se foutre de la gueule de qn** *pop* se moquer de qn - 21 **appuyer** *ici:* betonen - 24 **trimbaler qc** *fam* avoir qc avec soi partout où l'on va - 25 **comme quoi** *pop* qui montre que - 27 **je te colle (un pain)** *pop* ich kleb' dir (eine) - 28 **un magistrat** Richter - 30 **constater** remarquer - 31 **agir** faire qc

– M'sieur, je vais aller chez moi vous chercher le carnet de la famille de mon père et je vous l'amène tout de suite, en courant. Deux minutes !

C'est là que j'ai vu que le motard rougissait en mettant les mains sur les menottes attachées à son ceinturon. J'ai commencé à craindre pour le fond de mon pantalon parce que dans un instant j'allais tout rendre par derrière.

J'espérais que les amis de Riton fassent quelque chose pour me tirer d'affaire étant donné qu'eux connaissaient les vrais coupables... jusqu'à ce que l'un d'eux lance tout haut dans la cohue :

– Mort aux vaches, bande d'enculés de poulets !

Tous les animaux y passaient. Je me suis retourné en même temps que les motards pour voir les quatre compères galoper comme des antilopes de la steppe, en direction de notre bâtiment. Un policier sort un sifflet et il souffle tous ses poumons dedans. Je n'ai pas saisi pourquoi le jeune voulait tuer les vaches. Mais j'ai vite compris que les motards étaient opposés à cette boucherie inutile et je me suis sauvé en suivant les vents favorables.

J'ai couru, couru, poussé par la vitesse de la peur et je me suis retrouvé plus tard dans l'allée d'un immeuble inconnu, assis sur des escaliers, à récupérer mon souffle haletant puis je me suis vidé un bon coup pour évacuer l'émotion.

Pourquoi ils sont venus vers moi directement, les motards ? je me suis demandé avec la rage d'avoir été choisi.

J'avais bien ma petite idée à moi, et je me suis juré en serrant les dents, et sur la tête de mes parents, qu'un jour, je serais comédien option commissaire... carte bleu-blanc-rouge dans la poche. « Comment m'sieur, vous avez dit : "Va chercher tes papiers, p'tit gros !" Eh ben, donnez-moi donc les vôtres pour commencer. Commissaire Béni, de la brigade des polices ! »

(Béni ou le Paradis privé)

---

5 **les menottes** *f* Handschellen - **un ceinturon** Koppel, Gürtel - 6 **le fond de pantalon** Hosenboden - 9 **étant donné que** parce que - **un coupable** Täter - 11 **les vaches** *f ici: pop* les policiers - **enculer** *pop* → le *cul* (Arsch) - **un poulet** *ici: pop* un policier - 13 **un compère** un complice - 15 **un poumon** Lunge - 17 **opposé,e à qc** contre qc - **une boucherie** *ici:* Gemetzel - 18 **favorable** günstig - 21 **récupérer** retrouver - **haletant,e** keuchend - **se vider** *ici:* s. übergeben - 22 **évacuer qc** faire disparaître qc - 24 **la rage** la colère - 27 **une option** un choix, une alternative - **bleu-blanc-rouge** *ici:* français

Délit de faciès (3) 🎧

Nous avons contourné un bâtiment pour déboucher sur un escalier encombré par des jeunes. On fait la queue pour entrer au Paradis !
Ça n'avance pas vite. Une vingtaine de marches à gravir au total. En haut, une cabine en verre, véritable tour de contrôle. Un homme
5 est assis à l'intérieur. Je le vois bien. Il encaisse le prix d'entrée affiché sur le mur, juste au-dessus de l'épaule de l'autre monsieur, le videur, qui se tient debout devant la cabine. Ils portent tous les deux de gros pulls en laine. Le videur a un pantalon qui moule ses fesses, les mains croisées dans le dos et les jambes écartées. Son regard de faucon
10 scrute toute la montée d'escalier où nous sommes entassés.
   Parvenu plus près de la cabine, une affichette me saute aux yeux : *Tenue correcte exigée. Club privé. Réservé aux membres adhérents.*
   Un Paradis privé : voilà la punition divine ! Pour entrer il fallait montrer patte blanche, afficher la preuve que durant son séjour sur
15 terre on s'était bien tenu.
   J'ai escaladé une marche de plus et j'ai senti le souffle de l'inquiétude en pleine face. Devant moi, à trois mètres, deux garçons dont l'un ressemblait beaucoup à mon frère Nordine sont arrivés à la caisse. Ils ont parlé avec le caissier. Mais il a fait une mine désolée en balançant
20 la tête négative. Alors le videur s'approche d'eux pour voir s'il peut être d'une quelconque utilité. Il regarde tout de haut avec ses muscles tellement nourris qu'on dirait qu'ils veulent sortir de son corps. Après le caissier, il s'adresse aux deux jeunes. Ils parlent eux aussi, puis finissent par redescendre les escaliers que tout le monde monte.
25   Ils ne devaient pas avoir assez d'argent pour payer l'entrée. Trois mille, c'est quand même pas rien.

---

1 **contourner** um ... herum gehen - 2 **encombré,e par** très plein de - 3 **gravir** monter (avec effort) - 4 **véritable** vrai,e (echt) - 5 **encaisser** → la caisse, le caissier - 5 **afficher** montrer; *ici:* écrire sur une *affiche* (Plakat) - 6 **un videur** Rausschmeißer (→ vider) - 8 **mouler qc** *ici:* um etw. eng anliegen - 9 **écarter** spreizen - **un faucon** Falke - 10 **scruter** regarder intensément - **entassés, -ées** serrés et en grand nombre - 11 **une affichette** une petite affiche - 12 **la tenue** les vêtements qu'on porte - **exiger** verlangen - **un membre** *ici:* qn qui fait partie d'un club, p. ex.) - **adhérent,e** *ici:* zahlend - 13 **divin,e** → Dieu - 14 **montrer patte blanche** sich ausweisen - **un séjour** le fait de rester un certain temps dans un lieu - 16 **escalader qc** monter sur qc (de haut) - **l'inquiétude** *f* → s'inquiéter - 19 **désolé,e** attristé,e - **balancer** *ici:* schütteln - 21 **un,e quelconque ...** irgendeine(r,s) ... - **l'utilité** *f* le fait de servir à qc - 21 **tellement** so, derart

Ils étaient habillés avec beaucoup de goût, pourtant. Des vêtements chers. Celui qui ressemble à Nordine avançait en regardant où il mettait les pieds, et pestait en même temps. En passant devant moi, la bouche déformée, il me dit :
- Y'a rien à faire, i'nous enculeront toujours ! Et il disparaît.

Pourquoi ils sont malpolis, les jeunes qui n'ont pas assez d'argent pour entrer au Paradis ? Z'avaient qu'à bien se tenir avant ! Après ils payent la facture et ils regrettent. Mais c'est trop tard. Il faut toujours rester poli.

Mais pourquoi le videur se met-il à me regarder droit dans les yeux ? Il ne fixe que moi. Mon ventre court à cause des contorsions. J'ai du mal à supporter. Il parle de moi au caissier, à présent. Le caissier se met à m'ausculter du regard lui aussi. Il fait : non. Un signe tranchant de la tête. Non. J'ai vu. Je me baisse pour renouer le lacet imaginaire de mes mocassins d'hiver.

Je laisse plusieurs danseurs me doubler, Cauchemar et Marécage compris. Riton et Milou ont disparu du paysage.

Je n'ai pas la tenue correcte exigée. J'en suis sûr. Les yeux des deux hommes le disent. Je n'ai même pas la carte de membre adhérent du club privé. Je n'ai rien de ce qu'il faut pour être normal. Ni Cauchemar ni Marécage ne devinent mon angoisse.

Je ne pouvais pas rester dans cette position jusqu'à l'aube. Alors je me suis redressé juste au moment où mes deux compagnons payaient leur droit d'entrée, juste le temps de les voir disparaître dans le flot des parfums et des couleurs. La musique les a engloutis. Ils ne m'ont même pas attendu. Sans doute ont-ils pensé que j'allais rentrer avec Milou et Riton.

J'escalade à nouveau les marches comme un prisonnier monte sur un bûcher ou à la potence. Des pas lourds, décisifs. Ils résonnent fort dans ma tête. J'avance, propulsé par la pression des jeunes danseurs qui me collent derrière et que les notes de musique font déjà se trémousser.

Le videur au pull à col roulé m'attend. Je le sais. Je le sens. Je ne le regarde pas. Faire comme si je n'ai rien remarqué du tout. Mais ses yeux me brûlent les oreilles.

---

1 **le goût** Geschmack - 3 **pester** fluchen - 6 **malpoli,e** ≠ poli,e - 8 **une facture** Rechnung - 10 **droit dans les yeux** direkt in die Augen - 11 **courir** *ici:* rumoren - **une contorsion** Verrenkung - 12 **supporter** ertragen - 13 **ausculter** examiner - 14 **tranchant,e** sec, coupant - **renouer** wieder zubinden (≠ dénouer) - 16 **doubler** *ici:* dépasser (überholen) - **Cauchemar, Marécage, Riton, Milou** noms donnés aux copains de Béni - 24 **un flot** *ici:* un groupe (de jeunes) en mouvement - 25 **engloutir** faire disparaître - 28 **un prisonnier** qn qui est en prison - 28 **un bûcher** Scheiterhaufen - **une potence** Galgen - 29 **propulser** pousser en avant - **la pression** le fait d'être pressé ou poussé avec effort - 30 **se trémousser** bouger; *ici:* danser - 31 **un col roulé** Rollkragen

Je relève la tête vers le caissier devant qui je suis arrivé. Je plisse les yeux. Tous les Asiatiques ont les yeux plissés. Un type aux yeux plissés, on peut le prendre pour un Chinois ou quelque chose comme ça. C'est gentil tout plein un Chinois, révérencieux, pas bagarreur pour un yen et ça a l'air si fragile. Qui craindrait un bridé ? Et un Hispano-Machin ? Je pourrais aussi demander : « Ouné blace sivoubli », ou « sioupli » ! Mais je ne le sens pas. Le comédien doit sentir son rôle à fond pour entrer dedans. Non, j'ai dit tout simplement : « Bonsoir, messieurs, une place s'il vous plaît », et, tendant mes sous dans l'ouverture du guichet, j'y ai même ajouté un petit sourire réservé normalement aux filles.

Le caissier n'aime pas les Asiatiques. Sa tête pue cette évidence.

Le videur n'aime pas les gros. Lui-même est un gros sac. De loin on dirait qu'il est musclé, mais de près son overdose de graisse offusque. C'est rien qu'un gros tas. En me voyant, il a dû revoir son enfance martyre dans les cours de récré où tous ses petits copains se moquaient de lui et l'appelaient gros plein de soupe. Il a horreur de ces souvenirs. Pas besoin d'avoir le BEPC pour comprendre ça.

Il lance un pas en avant vers moi. Ses mains sont toujours croisées dans son dos. Son visage gonflé brille de transpiration. Je ne m'en préoccupe pas. Je demande au caissier une place, sans accent de Porto, seulement celui de la Croix-Rousse. Il lève le doigt vers une des pancartes, celle où la main d'un malin a écrit qu'il fallait obligatoirement être habillé en dimanche pour entrer au Paradis. [...]

Vite ! un rôle de comédien. Je fais celui qui ne comprend pas la signification des choses évidentes.

– Y'a du monde ce soir ! j'ai fait pour détourner l'attention.

Le videur s'en fout de mes commentaires.

– Vous avez votre carte de membre ?

– Non.

– Désolé.

– Non mais c'est pas grave. Je la prends maintenant.

---

1 **plisser les yeux** Schlitzaugen imitieren - 4 **révérencieux, -ieuse** qui montre du respect; très poli - **bagarreur, -euse** streitsüchtig - 5 **un bridé** *fam* Schlitzauge - 6 **un Hispano-Machin** *fam* irgendein Spanisch Sprechender - **ouné blace sivoubli / sioupli** *prononciation «à l'espagnole» de:* une place s'il vous plaît - 10 **un guichet** Schalter - 12 **puer** *fam* sentir mauvais; *ici:* nach etw. riechen - 14 **une overdose de** *engl* trop de - **la graisse** Fett - **offusquer qn** blesser qn, déplaire à qn - 16 **martyr,e** torturé (gequält) - 20 **gonflé,e** aufgedunsen - **la transpiration** la sueur (Schweiß) - 21 **se préoccuper de** s'inquiéter - 22 **Porto** une ville du Portugal - **la Croix Rousse** un quartier populaire de Lyon - 23 **une pancarte** une affiche - **un malin** Schlaukopf - 27 **détourner l'attention** *(f)* ablenken

– Désolé...
– ... Combien elle coûte ?
– Désolé, j'ai dit.
– Pourquoi ?
– On ne peut plus accepter de cotisation. C'est complet. Regardez le monde qui attend derrière vous.
Je regarde derrière moi. Le monde est là. Il pousse.
– Qu'est-ce que je fais alors ? je fais en jouant la pitié.
Il approche sa bouche vers moi.
– Tu sais, moi je suis italien, alors...
Puis il se tourne vers le client qui vient juste après moi, un jeune, l'air normal. Il tend son billet de cinquante francs, dit bonsoir comme moi je l'ai dit et le caissier lui rend vingt francs. Il m'a regardé dans les yeux. Comme on regarde un accident de la route pour voir si les gens qui sont par terre sont vraiment morts-morts ou seulement blessés.
Je dis au caissier que mes deux copains sont déjà entrés dans la boîte. Il me redit qu'il est italien. Puis hausse le ton.
– C'est un club privé j'te dis ! Faut avoir la carte !
– Où est-ce que je peux l'avoir ? Aidez-moi s'il vous plaît ?
Silence de mort.
– Pourquoi le jeune qui vient d'entrer, vous lui avez pas demandé sa carte ? je demande naïvement.
Le caissier fait un signe de la tête au videur qui s'approche de moi et place son ventre graisseux sur le mien.
– Désolé. Fais-nous pas d'embrouille ...
– J'ai mes copains à l'intérieur ...
– Barre-toi. Dernier avertissement.
Je n'avais jamais vu la méchanceté d'aussi près de toute ma vie. [...]
– Ça va ça va ! j'ai pu dire.
J'ai réajusté mon vêtement pour crâner et j'ai pris l'escalier en sens inverse comme les deux de tout à l'heure. J'ai lancé mes yeux dans l'immensité sombre du parking pour faire croire aux badauds que je cherchais quelqu'un, que j'allais revenir dans un instant. Je ne suis pas n'importe qui...

(Béni ou le Paradis privé)

---

5 **une cotisation** l'argent qu'on paie régulièrement à une association (Beitrag) - 8 **la pitié** Mitleid - 17 **une boîte** *ici: fam* une discothèque - **hausser le ton** parler plus fort - 24 **graisseux, -euse** → la graisse - 25 **une embrouille** *fam* une dispute - 27 **se barrer** *fam* s'en aller - **un avertissement** Warnung (→ avertir) - 28 **la méchanceté** → méchant - 30 **réajuster qc** remettre qc en bonne place - **crâner** *fam* angeben; *ici:* das Gesicht wahren - **le sens** *ici:* la direction - 32 **sombre** ≠ clair; *ici:* mal éclairé - **un badaud** Gaffer

Le regard de l'autre

Être chez soi, se sentir bien, percevoir un sentiment de sécurité, avoir l'impression qu'on existe, qu'on compte pour quelque chose : c'est cela, être intégré. Une question de sensation, de perception, de lecture du regard des autres.

Lorsque l'on parle de l'intégration d'un groupe de population dans une société, on ne peut pas faire abstraction du rôle médiateur fondamental que joue l'œil dans la communication. Demandez à un immigré ou à un « considéré comme tel » comment il perçoit le racisme au quotidien : « Ça se sent dans les yeux ». […]

La visibilité est une caractéristique importante du vécu de la migration. A fortiori chez celui qui porte la marque physique de la « migritude ». Ce signe qui le distingue extérieurement l'expose, capte le regard. Il renvoie une image différente. La présence de cet immigré transforme ainsi l'espace en un gigantesque miroir, qui va révéler à chacun sa différence. Dans ce jeu de reflets, l'un et l'autre subissent une « inquiétante étrangeté » intime : l'autre, et surtout l'autre qui est à la fois si proche et lointain, semblable et différent, éveille une gêne. Cette gêne poussera à faire de la « petite différence » une grande distance imaginaire.

Dans bien des cas, le jeu de l'intégration c'est « pile je gagne et face tu perds ! » Tu as beau avoir ta carte d'identité française, pour le boulot, le logement, les boîtes, tu restes ce que ton visage désigne : un Arabe. C'est cette simple équation à une seule inconnue qui est la plus répandue chez les jeunes d'origine maghrébine. Les histoires machiavéliques des politiques, les réformes juridiques, les mots sur l'intégration resteront caducs et vides tant que cette épée de Damoclès ne sera pas levée. Il faudra du temps. Il faudra des victimes.

(Ecarts d'identité)

---

1 **percevoir** remarquer, sentir - **la sécurité** ≠ le danger - 3 **une sensation** une impression - **la perception de qc** → percevoir - 6 **faire abstraction de qc** ne pas tenir compte de qc - **médiateur, -trice** Mittler- - **fondamental,e** de base - 10 **la visibilité** le fait de pouvoir être vu / reconnu - **la migration** → émigrer - 11 **a fortiori** *lat* erst recht - 12 **distinguer** différencier - **capter** attirer - 14 **un miroir** Spiegel - **révéler** montrer - 15 **subir** supporter - 16 **proche** ≠ lointain (→ s'approcher) - 17 **semblable** ≠ différent,e - **éveiller** *ici:* provoquer - **la gêne** Unbehagen - 19 **pile ou face** Kopf oder Zahl (bei einer Münze) - 20 **on a beau** …*(inf)* selbst wenn man … - 21 **le boulot** *fam* le travail - 22 **une équation** Gleichung - 23 **répandu,e** verbreitet, üblich - **machiavélique** sans scrupules - 24 **juridique** du droit - 25 **caduc, caduque** démodé - **tant que** so lange wie - **une épée** Schwert - 26 **une victime** une personne tuée ou blessée

Retourner au bled ? Merci bien ! 🎧

Dès que Naoual a ouvert la porte, j'ai compris qu'un orage gris avait éclaté : le père. [...]

Les jours ordinaires, Abboué fait un peu peur avec son visage émacié, creusé au marteau et au burin, sa fine moustache à la Hitler et ses cheveux grisonnants en brosse, mais là, c'est pire, ses yeux révoltés durcissent encore plus ses traits, ses rides ne sont plus des rides mais des crevasses brillantes de sueur. [...]

Dans le living-room, Abboué et Nordine se font face comme deux lions aux griffes tendues, ils ont fait fuir tout le reste de la maisonnée dans la cuisine ou dans les chambres. Ils parlaient de femmes et j'ai tout de suite compris. Abboué avait dû redire à Nordine qu'il lui fallait penser au mariage et Nordine avait dû redire qu'il fallait qu' « on » pense à lui lâcher les babouches et même qu'il commence vraiment à en avoir ras-le-bol, alors il s'énerve. [...]

Pour la énième fois, Abboué avait parlé de son plan qu'on connaissait maintenant par cœur à la maison : un camion Berliet, expédié en Algérie, Nordine qui fait son service militaire à Alger, il fait la connaissance de douaniers, ça facilite les choses, il trouve chaussure à son pied, autrement dit il se marie, il fonde un foyer, il achète une maison, ou bien il fait construire c'est encore mieux, il nous prépare notre arrivée et tout va pour le mieux, Allah en soit remercié. [...]

Ma mère arrive dans le living en serrant une enveloppe dans sa main droite, une enveloppe jaune comme celles de la Sécurité sociale, anonyme, et elle lui tend en disant « bism'illah ». Il l'ouvre en disant aussi « bism'illah » et les photos commencent à tourner autour de la table. A chaque fois que je regarde les filles à marier qu'on soumet à Nordine, je me vois à la place de celle qu'il allait choisir.

---

un bled *arabe* un village (du Maghreb) - 3 **émacié,e** abgemagert, ausgezehrt - 4 **creusé,e** ausgehöhlt - **un marteau** Hammer - **un burin** Meissel - 5 **grisonnant,e** → gris,e - **en brosse** *pour les cheveux:* coupés très court - 6 **durcir** *ici:* rendre dur - **les traits** *m* Gesichtszüge - **une ride** un pli de la peau - 7 **une crevasse** *ici:* une ride profonde - 8 **le living-room** la salle de séjour - 9 **un lion** Löwe - **une griffe** Kralle - 13 **une babouche** arabischer Pantoffel - **lâcher les** *baskets* **à qn** *fam* laisser qn tranquille - 14 **en avoir ras-le-bol** *fam* en avoir assez - 15 **pour la énième fois** zum x-ten Mal - 17 **expédier qc** envoyer qc - 18 **un douanier** → la douane - 19 **trouver chaussure à son pied** trouver qn qui convient - **un foyer** *ici:* une famille - 23 **une enveloppe** Briefumschlag - 25 **bism'illah** *arabe* au nom de Dieu - 28 **soumettre** *ici:* proposer

Frissons ! Pauvres filles, je les imaginais dans leur minuscule village à l'abri du temps, drapées dans leur robe aux couleurs chaudes, cousue main, gamines pas plus âgées que moi, à qui un père, un cousin, un oncle venait demander une photo, la plus belle de la collection, celle qui la présentait comme une femme mûre et désirable, pour aller la proposer à un prétendant.

Et Nordine en face d'Abboué joue le jeu à fond, il se sent devenu quelqu'un qui compte : il tient à la main trois photos, les soupèse, les compare l'une à l'autre, pose l'une sur la table, reprend une autre, fronce les sourcils, prend un air sérieux, et parfois laisse échapper un rire franc de supérieur : pose mal assurée d'une fille, sourire forcé, dents trop en avant, vêtements démodés, trop démodés, air paysan, pas pour la ville. Monsieur se considérait depuis longtemps comme un citadin, un Parisien.

– Arrête de rire comme un âne ! ordonne Abboué. Tu vas faire tomber le malheur sur ces jeunes filles.

Nordine retient son rire d'âne entre ses dents et Abboué lui conseille de regarder à nouveau la photo d'une fille.

– Je sais de quelle famille elle est, il fait.

– Oui, oui, insiste ma mère, regarde bien celle-là.

Il la saisit, intrigué par l'intervention de sa mère, l'approche de ses yeux, la repousse à distance pour mieux apprécier la chose. Mes parents fixent ses lèvres, muets, immobiles. D'un geste sec, il repose finalement la fille sur la table.

– Trop grosse, trop blanche, en plus elle a l'air malade … Voyez pas qu'elle est aussi grosse que Ben, non … la honte pour moi ! Vous voulez que j'me chope la honte devant les copains, les gens et tout ! Ah, je comprends, tout le monde s'en fout ici si Nordine est heureux ou pas, y'a Béni le petit génie qui travaille bien à l'école, et les autres, à la poubelle ! C'est ça, hein ? Eh ben, non ! Rien du tout ! Je me marie pas !

– Braal ! lâche mon père en signe de déception. Ma mère insiste encore une fois, en arabe.

---

1 **un frisson** Zittern - 2 **drapé,e dans** habillé d'un(e) - 3 **une gamine** *fam* une fille - 5 **mûr,e** développé (reif) - **désirable** begehrenswert (→ désirer) - 6 **un prétendant** *ici:* Bewerber - 8 **soupeser** abwägen - 10 **froncer les sourcils** *(m)* die Stirn runzeln - **parfois** quelquefois - 11 **une pose** une manière de se tenir - **assuré,e** sûr de soi - 14 **un citadin** qn qui habite une ville - 15 **ordonner** donner un ordre - 18 **conseiller qc à qn** donner un conseil à qn - 20 **insister** betonen, beharren - 21 **une intervention** le fait de prendre la parole (→ intervenir) - 27 **(se) choper** *fam* prendre, attraper - 30 **une poubelle** Mülleimer - 32 **braal!** *arabe* âne !

– Tu sais, il vaut mieux une fille un peu grasse et de très bonne famille, qu'une fille maladive. Et puis qu'est-ce que ça veut dire « trop blanche »! De toute façon, si ta femme elle est trop blanche, tu l'emmènes l'été en Algérie, au lieu qu'elle fasse la sieste entre midi et quatre heures, tu l'étends sur la terrasse au beau soleil ...

Nordine sourit en balançant la tête de droite à gauche.

– ... comme ça, tu as une femme cuite à ton goût, poursuit ma mère. Tandis que l'autre, la noire, comment que tu veux faire pour la blanchir ? Hein ? Dis-moi ? Comment ?

– Avec la tête, qu'il a, pas de problème ! je dis.

– Réfléchis bien, mon fils, c'est une très bonne occasion, neuve bien sûr, très jolie fille, nos familles se connaissent depuis longtemps, toi tu es âgé, tu n'as plus rien à espérer de la vie, tu te maries, c'est mieux pour nous.

– C'est mieux pour vous ! reprend Nordine à la volée.

C'est à ce moment qu'Abboué s'est laissé aller.

– Quoi ? Quoi ? C'est des Françaises que vous voulez, bandes de chiens ! Vous voulez salir notre nom, notre race ! Vous voulez faire des enfants que vous appellerez Jacques ... Allez, allez épouser des Françaises : quand vous pleurerez parce qu'elles vous auront traités de « bicou », vous reviendrez chez votre vieux qui comprend rien.

Debout sur ses deux jambes d'Algérien, de musulman, de paysan sétifien, de maçon acharné et fatigué, il a insulté pendant encore longtemps toute sa vie, sa famille en France. J'en avais marre du mariage avec une Arabe blanche ou noire : je ne voulais plus écouter, alors je suis allé lire dans la chambre. Au fond de moi-même j'étais très content d'être un garçon, capable de prendre des décisions, de dire : Moi je reste là, et vous, vous allez dans votre pays si vous voulez !

Abboué avait disjoncté de la réalité, mais moi je ne voulais pas rester dans le noir.

(Béni ou le Paradis privé)

---

1 **il vaut mieux** es wäre besser (wenn) - 2 **maladif, -ve** qui tombe souvent malade - 5 **étendre** *ici:* coucher - 9 **blanchir** rendre blanc - 11 **neuf, -ve** *ici:* ungebraucht - 13 **âgé,e** assez vieux - 15 **à la volée** *ici:* très rapidement - 16 **se laisser aller** *ici:* se mettre en colère - 18 **salir** rendre sale - 21 **bicou** *prononciation «à l'algérienne» de:* bicot *(nom péjoratif donné aux Maghrébins)* - 23 **acharné,e** zäh, unermüdlich - 29 **disjoncter de** *ici:* sich ausklinken aus

Le fait « d'être d'origine maghrébine » se retrouve chez tous les jeunes quand il est question du mariage, du rôle des aînés, du code de l'honneur, de la circoncision des enfants, de leur nom ... en bref, de la perpétuation des valeurs qui structurent fondamentalement la personnalité. [...]

La famille au sens symbolique du terme apparaît comme l'espace privilégié du sens de l'honneur. Ainsi, au sein du foyer maghrébin, les garçons ne fument pas devant leur aîné et a fortiori devant le père, par respect. On ne regarde pas en famille les films à la télévision à cause des « scènes amoureuses ». On ne dit pas de mots grossiers en famille. On ne boit pas d'alcool, on ne mange pas de viande de porc. Les filles ne peuvent pas porter de minijupes devant leur père. Dans cet environnement fortement codé par l'islam, les mariages mixtes prennent une très grande signification. Ils touchent à l'honneur de la famille. [...]

En ce qui concerne les mariages endogames, les parents ne choisissent plus unilatéralement les épouses qui conviennent à leurs enfants, pas plus que, après le mariage, le couple ne cohabite avec eux comme c'était ou c'est encore le cas dans les régions rurales du Maghreb. Cependant, l'endogamie culturelle subit de plus en plus les vicissitudes de la vie quotidienne en France. Les garçons sont tout naturellement amenés à rencontrer des filles françaises plutôt que maghrébines dans les lieux publics, ces dernières étant encore contraintes dans leurs mouvements par leurs pères et leurs frères. Si l'on ajoute à ces arguments un certain attrait sexuel des garçons pour la femme occidentale et une non-contradiction de ce type d'union avec le code islamique (sous certaines conditions), on comprend pourquoi le nombre de mariages mixtes a évolué au cours de ces dernières années.

(Ecarts d'identité)

---

2 **un aîné** *ici:* une personne plus âgée - **un code de l'honneur** Ehrenkodex - 3 **en bref** en un mot - 4 **la perpétuation de qc** le fait de faire vivre qc pendant longtemps - 6 **un terme** un mot, une expression - 7 **au sein de** au milieu de - 10 **grossier, -ière** *ici:* vulgaire - 13 **codé,e** réglé de manière précise (→ un code) - 13 **un mariage mixte** Mischehe - 16 **endogame** qui se rapporte à → l'**endogamie** (le mariage entre membres d'un même clan) - 17 **unilatéral,e** einseitig - **une épouse** une femme mariée; *ici:* une femme à marier - 18 **un couple** le mari et la femme - **cohabiter** habiter ensemble - 21 **les vicissitudes** *f* les changements - 22 **amener qn à faire qc** jdn dazu bringen, etw. zu tun - 24 **contraint,e** *ici:* gêné (par la volonté de qn) - 26 **occidental,e** ≠ oriental - **une contradiction** Widerspruch

Vous avez dit « intégration » ?

La question de l'intégration est trompeuse. Le mot lui-même est facile et séduisant. Mais quelle en est la concrétisation à court terme ? Que signifie-t-il par exemple pour ceux, déjà intégrés, mais qui continuent à se heurter au racisme-béton des loueurs de logements privés qui ne veulent pas entendre parler des Arabes ou des « négros », seraient-ils fonctionnaires ? Pour être intégré, il ne suffit pas d'avoir suivi une scolarisation parfaite, d'avoir le bac, de se teindre les cheveux en blond ou de parler un français sans accent. L'intégration c'est, selon nous, surtout une affaire de promotion sociale. [...]

Quant aux enfants d'immigrés maghrebins, il n'est pas facile de parler de leur intégration dans la société française, parce que globalement on ne sait pas grand-chose d'eux. On évoque souvent leur cas en disant que ce sont des « populations sensibles ou précaires ». [...] Au cours des années soixante-dix, on avait tellement dépeint l'archétype du jeune d'origine maghrébine avec des images de déchirure culturelle, de marginalisation sociale, d'échec scolaire, de rapport conflictuel avec la police, de délinquance ... Comme si on avait fait l'hypothèse que tous ces descendants d'immigrés-paysans-analphabètes étaient naturellement destinés à reproduire sagement la condition sociale de leurs parents. On a fini par oublier ceux qui, à l'ombre des rubriques de faits divers, jouaient le jeu dans les règles pour atteindre leurs objectifs.

Comment ces jeunes ont-ils pu faire, vu leurs handicaps du départ ? Leur expérience est-elle généralisable ? Pourquoi leurs pairs qui ont vécu dans les mêmes conditions qu'eux n'ont-ils pas suivi le même itinéraire ? Telles sont les questions qui ont été posées aux « Beurs de la réussite » lors de leur apparition sur la scène médiatique.

---

1 **trompeur, -euse** → (se) tromper - 2 **séduisant,e** reizvoll - 6 **un,e fonctionnaire** Beamter, Beamtin - 7 **la scolarisation** Schulzeit - **teindre** colorer - 9 **la promotion sociale** sozialer Aufstieg - 10 **quant à** en ce qui concerne - 11 **globalement** dans l'ensemble - 12 **pas grand-chose** presque rien - **évoquer qc** parler de qc - 13 **précaire** instable - 16 **au cours de** pendant (la durée de) - **dépeindre** décrire - **un archétype** [arketip] un modèle - 15 **une déchirure** → déchirer qc - 16 **la marginalisation** Ausgrenzung (→ la marge, marginal) - 16 **un échec** ≠ une réussite - **conflictuel,le** → un conflit - 17 **la délinquance** Kriminalität - 19 **reproduire** *ici:* nachahmen - **sage** brav - 20 **les faits divers** *dans un journal:* Rubrik „Vermischtes" - 21 **atteindre qc** arriver à qc - 22 **un objectif** un but - 24 **les pairs** (*m*) **de qn** seines-/ihresgleichen - 26 **un itinéraire** un parcours, un chemin - 27 **un beur** *fam* un enfant d'immigré maghrébin - **lors de** pendant - **une apparition** → apparaître - **médiatique** → les médias

Leurs explications reposent sur la rage de vaincre. « *J'ai toujours eu la rage. Même au milieu des Touaregs je m'en serais sorti. (...) Chacun dans la vie a une chance : c'est aide-toi et le ciel t'aidera* » explique Karim Kacel (in: *Chroniques métissées* de N. Beau et A. Boubekeur, 1987).

Smaïn, le comédien, a galéré pendant des années sur les scènes des cafés-théâtres parisiens avant d'être engagé au « Théâtre de Bouvard » sur Antenne 2 et prendre conscience de ses possibilités. Karim Kacel a osé participer à un concours de la chanson sur Antenne 2 où il a chanté *Banlieue*. Il a gagné. L'écrivain Mehdi Charef a eu la chance d'avoir attiré l'attention du cinéaste Costa-Gavras pour le tournage du *Thé au harem d'Archimède*. Farid Boudjellal a remporté le prix du Festival de la bande dessinée d'Angoulême. Toufik, le styliste, séduit le jury d'un concours de mode parisien au centre Beaubourg. On pourrait citer beaucoup d'autres cas de ce type, mais les motivations sont toujours les mêmes : une sorte de déclenchement, à un moment donné, d'une conscience de pouvoir faire, tenter sa chance. Et bien souvent, ces jeunes ont dû être les meilleurs pour passer l'obstacle. Ils ont eu l'audace de risquer.

(Ecarts d'identité)

---

1 **reposer sur** beruhen auf - 2 **les Touaregs** *m* un peuple nomade d'Afrique du Nord - 6 **galérer** *fam* travailler dur - 8 **prendre conscience de qc** einer Sache bewusst werden - 9 **un concours** Wettbewerb - 10 **un écrivain** un auteur de livres - 11 **un cinéaste** Filmemacher (→ le cinéma) - **le tournage** → tourner un film - 12 **remporter** *ici:* gagner - 13 **un styliste** Modeschöpfer - **séduire** *ici:* convaincre (→ séduisant) - 15 **citer** mentionner, nommer - 16 **le déclenchement** la mise en marche (Ausbruch) - 18 **un obstacle** qc qui empêche d'avancer (Hindernis) - 19 **l'audace** *f* le courage

Créer une nouvelle culture

Azouz Begag est écrivain, docteur en économie et chercheur au CNRS. Né en France, mais renvoyé à cause de ses origines maghrébines à la culture arabe, il a fait de cette double appartenance un sujet de réflexion et de création littéraire.

– *En 1996, vous avez été décoré de l'Ordre du mérite par le ministre de la Ville et de l'Intégration. Bien du chemin a été parcouru depuis votre naissance en 1957 dans un bidonville de la banlieue de Lyon...*
– Mes parents étaient des paysans analphabètes originaires de Sétif, une ville de l'Est algérien. Mon père est arrivé en France en 1949. Il a quitté l'Algérie à cause de la misère et il n'avait aucune intention de rester en France. Il a eu la chance de bénéficier d'une maison et de pouvoir faire venir sa famille. Il pensait que ce serait pour une durée limitée. Et puis, des cousins sont venus. Finalement vingt-cinq familles se sont regroupées. Les années ont passé sans que les gens s'en rendent compte. Des enfants sont nés ; ils sont allés à l'école en France et ils ont fixé leurs parents dans ce pays.

– *L'école vous a permis de vous intégrer à la société française ?*
– Oui, je dois beaucoup aux professeurs qui m'ont emmené avec confiance vers l'acquisition du savoir. Quand on est fils d'immigré, il y a deux attitudes possibles : l'une qui consiste à se marginaliser en disant « on n'est pas français ; on n'a aucune raison d'apprendre l'histoire des Gaulois puis celle des rois Louis » ; l'autre qui fait le pari que l'école permet d'envisager un avenir meilleur. Mon père pensait que son fils devrait réussir à l'école, pour avoir des diplômes, et devenir quelqu'un de plus important que lui.

---

1 **un chercheur** Forscher, Wissenschaftler - 2 **le CNRS** *Centre National de la Recherche Scientifique* nationales Forschungszentrum Frankreichs - 3 **une appartenance** → appartenir à - 4 **la réflexion** → réfléchir - 5 **décorer qn** jdm einen Orden verleihen - **l'Ordre du mérite** Verdienstorden - 7 **parcourir** faire, passer - 11 **la misère** la pauvreté extrême - **aucun,e** pas un,e seul,e - **une intention** le fait de vouloir (faire qc) - 12 **bénéficier de qc** pouvoir profiter de qc - 15 **se regrouper** (re)former un groupe - 20 **la confiance** Zu-, Vertrauen - **l'acquisition** *(f)* **de qc** der Erwerb (einer Sache) - 21 **marginaliser** → la marginalisation - 23 **les Gaulois** *m* Gallier - **faire un pari** eine Wette eingehen - 24 **envisager** ins Auge fassen

– *Vous étiez bon élève comme le héros du Gone du Chaâba ?*
– Oui, mais ce n'est pas simple non plus. On est très vite considéré par les camarades comme un traitre à son milieu. Et quand le maître, bien intentionné, utilise vos bons résultats pour les donner en exemple aux autres, on a l'impression de servir d'alibi. Quand on s'en sort, on justifie le sentiment de satisfaction des bien-pensants qui estiment que la réussite ne dépend que de l'individu sans se rendre compte de l'énorme poids et de la violence de la pression sociale. Bien sûr, l'intégration est une histoire d'abord individuelle. Il faut se prendre en main, travailler, s'accrocher pour trouver un point d'équilibre personnel. On a alors une grande capacité d'adaptation qui permet de vivre n'importe où. Mais nous sommes très peu à échapper au broyage.

– *Comment êtes-vous arrivé à vous en sortir ?*
– Quand on est petit, il faut arriver à faire la jonction entre l'univers familial et celui de l'école. Pour cela, il faut sortir de soi-même, parvenir à se positionner par rapport à son environnement, réussir à se voir à distance. Si on n'y parvient pas, on devient un handicapé social et, comme pour beaucoup de jeunes aujourd'hui, l'avenir semble foutu d'avance.

– *Vous continuez à éprouver le sentiment de l'entre-deux.*
– Oui, les Maghrébins de ma génération ne sont plus arabes et ne sont pas encore des Français comme les autres. L'expérience vécue, ce qu'on a appelé le délit de sale gueule, contredit l'utopie égalisante de la France républicaine.

– *C'est cette impression que vous exprimez dans tous vos livres ...*
– J'ai une culture de pauvre et une culture arabe. J'ai une façon de voir le monde et de le penser qui est arabe et je l'exprime en français. Évidemment, les héros de mes livres, c'est toujours moi. Je les habille de mes expériences, de mes fantasmes et de mes névroses ...

---

1 **le héros** Held; *ici:* le personnage principal - 3 **un traître** qn qui trompe les autres (Verräter) - 4 **bien intentionné,e** qui a de bonnes intentions - 6 **la satisfaction** (Selbst)Zufriedenheit - **estimer** penser, croire - 8 **la violence** *ici:* la grande force (→ violent) - 10 **l'équilibre** *m* Ausgeglichenheit - 11 **une capacité (à faire qc)** le fait de pouvoir faire qc - **l'adaptation** le fait de savoir s'adapter - 12 **le broyage** Zermalmen - 14 **une jonction** le point de rencontre de deux chemins - 17 **un handicapé** Behinderter - 19 **foutu,e** perdu - 20 **l'entre-deux** *ici:* le fait d'être entre deux cultures - 23 **contredire** → une contradiction - 28 **évidemment** bien sûr - 29 **un fantasme** *ici:* un rêve, un espoir - **une névrose** Neurose

53

– *Comment analysez-vous les difficultés qu'éprouvent les jeunes dans la societé d'aujourd'hui ?*
– Globalement, la société française a peur des jeunes des banlieues. Elle est sur la défensive à leur égard. Par un réflexe bien connu, ces jeunes adoptent le comportement qu'on leur suppose. Ils imitent l'image que la société leur renvoie d'eux-mêmes et tentent de l'utiliser à leur profit. Pour s'individualiser, ils adoptent une langue qui leur est propre, s'habillent en musulmans et vont à la mosquée. Ils se jettent dans les griffes de l'intégrisme parce qu'ils sont rejetés. Les autorités locales et les bourgeois français s'en accommodent. La mosquée leur apparaît à tout prendre comme un outil de pacification. L'identité originale de cette génération est à construire. Le voyage de retour est devenu impossible. Ils doivent bâtir leur identité propre.

– *Vos livres peuvent jouer un rôle social ?*
– Je l'espère. J'essaie de dénoncer les discriminations dont sont victimes les jeunes. La société cherche à éviter le problème, à l'occulter, mais il explosera un jour. Je voudrais que la société française comprenne mieux la situation des jeunes immigrés et parvienne à mieux se caler par rapport à cette nouvelle génération. Mes livres et ceux des copains sont les premières pierres dans la construction d'une identité franco-maghrébine. La génération de mes parents parlait arabe et ne savait pas écrire, elle n'a laissé aucune trace. Aujourd'hui, nous prenons la parole pour les jeunes des banlieues. Nous régénérons la littérature populaire qui s'écrit à présent. C'est pourquoi les élèves des collèges s'identifient à cette écriture. Il est en train de se constituer une littérature qui exprime ce sentiment d'habiter sur une frontière. Je ne suis ni dans un camp ni dans l'autre. Je me situe au milieu de tout et c'est de là qu'on voit le mieux les choses.

– *Quelle est votre position sur la religion ?*
– Si je pratique ou non est une question d'ordre privé. Dès que la religion devient visible, elle devient politique et les problèmes commencent. Il y a une obsession française de la laïcité. On l'a bien vu avec la

---

1 **éprouver** ressentir; *ici:* avoir - 4 **être sur la défensive** sur ses gardes - **à l'égard de** face à - 5 **supposer** vermuten - 9 **l'intégrisme** *m* Fundamentalismus - 10 **s'accommoder de qc** s'habituer à qc - 11 **à tout prendre** alles in allem - **un outil** *ici:* un instrument - **la pacification** le fait d'apporter la paix - 13 **bâtir** construire - 15 **dénoncer** *ici:* aufzeigen - 16 **occulter** totschweigen - 19 **se caler** *ici:* se définir - 22 **une trace** Spur - 23 **régénérer** erneuern - 27 **une frontière** Grenze - **se situer** se placer - 32 **une obsession** Zwangsvorstellung - **la laïcité** le fait de séparer la religion et la vie publique

question du foulard à l'école. Si les positions sont trop rigides de part et d'autre, on ira vers la création d'écoles musulmanes où les intégristes auront tout pouvoir. Ce n'est pas un service à rendre aux filles.

– Pensez-vous que ce qu'on appelle les cultures urbaines permettent aux jeunes de construire une culture qui leur est propre ?
– Je le souhaiterais, mais j'ai trop l'impression que cette culture imite ce qui se fait aux États-Unis. Le rap, ce sont des mots français sur un produit américain. Regardez ces jeunes, il sont chaussés de Nike ou de Reebok, ils raffolent des Mac Do, leurs idoles sont américaines. Ce que j'aimerais, c'est que leur inspiration en matière de culture vienne de leur vécu réel, qu'ils ne copient sur personne mais utilisent leur situation propre pour créer des œuvres originales. En musique, l'Orient et l'Europe se marient en nous : le raï exprime assez bien cette musique nouvelle née de la double appartenance qui nous est propre. Et en littérature, c'est la même chose, on peut écrire des livres faciles à lire, qui se déroulent dans la vraie société d'aujourd'hui et la décrivent avec humour. Nous avons notre partie à jouer dans ce pays. Le regard neuf et étonné que nous portons sur les mots et sur les choses nous permet de régénérer le vocabulaire, d'exercer un humour dû à la distance et d'apporter des morceaux de Méditerranée dans les villes froides du Nord ...

Propos recueillis par Françoise Ploquin pour le magazine *Diagonales*, février 1998.

---

1 **rigide** ≠ flexible - 4 **urbain,e** qui concerne la ville - 8 **être chaussé,e** porter des chaussures - 9 **raffoler de qc** aimer beaucoup qc - 10 **en matière de** dans le domaine de - 11 **le vécu** l'expérience (→ vivre) - 13 **le raï** un genre de musique algérienne moderne - 18 **étonné,e** überrascht, erstaunt.

Bibliographie sélective

Vous avez aimé les extraits de textes proposés dans ce livre ? Alors, nous vous invitons à lire ces ouvrages dans leur version originale. Voici leurs références :

- *Le gone du Chaâba*, Le Seuil (coll. Point-Virgule), Paris 1986
- *Béni ou le Paradis privé*, Le Seuil (coll. Point-Virgule), Paris 1989
- *Écarts d'identité* (en collaboration avec Abdellatif Chaouite), Le Seuil (coll. Point-Virgule), Paris 1990.

Azouz Begag a écrit de nombreux autres romans et récits qu'il est possible de se procurer à l'étranger (certains ont déjà été traduits dans plusieurs langues). En voici la liste :

- *Les voleurs d'écriture*, Le Seuil (coll. Petit Point), Paris 1990
- *La force du berger*, La Joie de Lire, Genève 1991
- *L'Ilet-aux-Vents*, Le Seuil (coll. Point-Virgule), Paris 1992
- *Jordi ou le rayon perdu*, La Joie de Lire, Genève 1992
- *Les tireurs d'étoile*, Le Seuil (coll. Petit Point), Paris 1992
- *Le temps des villages*, La Joie de Lire, Genève 1993
- *Quand on est mort, c'est pour toute la vie*, Gallimard (coll. Page blanche), Paris 1994
- *Une semaine de vacances à Cap Maudit*, Le Seuil (coll. Petit Point), Paris 1994
- *Ma maman est devenue une étoile*, La Joie de Lire, Genève 1995
- *Les chiens aussi*, Le Seuil, Paris 1995
- *Mona et le bateau-livre*, Chardon Bleu, Lyon 1996
- *Zenzela*, Le Seuil, Paris 1997
- *Dis Oualla*, Fayard (coll. Libres), Paris 1997.

Azouz Begag est aussi l'auteur d'une série de publications à caractère plus scientifique (la liste de ces ouvrages se trouve dans le *dossier pédagogique* de votre professeur).